ARTISTS AT HOME

ARTISTS AT HOME
アーティストの邸宅
―芸術家30人のインスピレーションを生む家―

著：スージー・ホッジ
Susie Hodge

訳：井上 舞
Mai Inoue

目次
CONTENTS

はじめに
INTRODUCTION
6

• • •

ジョゼフ・マロード・
ウィリアム・ターナー
JOSEPH MALLORD WILLIAM TURNER
12

トマス・コール
THOMAS COLE
18

ローザ・ボヌール
ROSA BONHEUR
24

ギュスターヴ・モロー
GUSTAVE MOREAU
30

フレデリック・レイトン卿
FREDERIC, LORD LEIGHTON
36

ポール・セザンヌ
PAUL CÉZANNE
44

ウィリアム・モリス
WILLIAM MORRIS
52

オーギュスト・ロダン
AUGUSTE RODIN
62

クロード・モネ
CLAUDE MONET
70

ジェームズ・アンソール
JAMES ENSOR
82

ピエール=オーギュスト・ルノワール
PIERRE-AUGUSTE RENOIR
90

フランツ・フォン・シュトゥック
FRANZ VON STUCK
96

ヴァネッサ・ベル&ダンカン・グラント
VANESSA BELL AND DUNCAN GRANT
102

シュザンヌ・ヴァラドン
SUZANNE VALADON
112

パブロ・ピカソ
PABLO PICASSO
118

ジョルジョ・デ・キリコ
GIORGIO DE CHIRICO
128

ジョージア・オキーフ
GEORGIA O'KEEFFE
134

オットー・ディクス
OTTO DIX
144

ジャン・コクトー
JEAN COCTEAU
150

ルネ・マグリット
RENÉ MAGRITTE
160

リー・ミラー&ローランド・ペンローズ
LEE MILLER AND ROLAND PENROSE
166

サルバドール・ダリ
SALVADOR DALÍ
174

バーバラ・ヘップワース
BARBARA HEPWORTH
184

村井正誠
MASANARI MURAI
192

フリーダ・カーロ
FRIDA KAHLO
200

ルシアン・フロイド
LUCIAN FREUD
210

セザール・マンリケ
CÉSAR MANRIQUE
218

インカ・ショニバレ
YINKA SHONIBARE
228

• • •

索引
INDEX
234

謝辞
ACKNOWLEDGEMENTS
239

ピクチャークレジット
PICTURE CREDITS
239

INTRODUCTION

はじめに

　芸術家の家を訪れたと想像してみよう。きらめくインスピレーションがわき起こり、すばらしいひらめきが形になり、豊かな心がはたらき、そして安らぐ場所が目の前に広がっている。たぐいまれな視点が育まれ、想像力が突き動かされる環境を、身をもって体験できる。

　この本の目的はそこにある。世界じゅうから選りすぐった30名の芸術家たちの家に、読者のみなさんをお連れしたい。ジョゼフ・マロード・ウィリアム・ターナーといった往年の画家もいれば、インカ・ショニバレといった現代の芸術家もいる。メキシコのフリーダ・カーロのように熱い地域で暮らした画家もいれば、ベルギーのルネ・マグリットのように寒い国で暮らした画家もいる。ピエール=オーギュスト・ルノワールやクロード・モネなど、故郷で家族とともに暮らした画家、ジョージア・オキーフのように一人住まいだった画家。ヴァネッサ・ベルとダンカン・グラントのように、子供や友人、恋人たちを含めた大所帯で暮らした芸術家もいる。ローザ・ボヌールは、愛する動物たちと一つ屋根の下で生活し、ローランド・ペンローズとリー・ミラーは自宅にしょっちゅう友人を招き、空間を共有していた。彼らの生み出す作品と同じく、芸術家たちの家はそれぞれ違っている。たとえばサルバドール・ダリの家は、最初は掘っ立て小屋だったが、建て増しされて大邸宅になった。家族の住まいだったものが、一つの大きなアトリエに変わっていった家もある。

　多くの芸術家にとって、家はくつろぎの場であり、自分らしくいることができ、個性や内なる思考を解き放って具現化する場だ。創作力を育て、豊かにする場でもある。彼らの家を体験することは、その作品にこめられた思いを読み解く助けになる。もし芸術家みずからが家を建て、あるいは大幅な改修を行ったのなら、その建物には主人である芸術家の人間性が強く表れているはずだ。家が建てられた場所、家具や装飾の好み、色づかい、庭や周囲の風景といった要素にも目を向けてみよう。芸術家たちはどこで創作を行ったのか、アトリエの広さはどのくらいだったのか、誰が立ち入りを許されたのか（あるいは許されなかったのか）、それに照明や道具なども家自体と同じぐらい大きな意味をもっている。こうしたさまざまな側面が、人間関係や趣味嗜好といった、芸術家たちの心の理解を深めてくれる。

　芸術家の家は、まさに芸術と生活が出会う場だ。家は、そこに暮らす芸術家の人となりや、作品が生まれた背景について多くを語る。家に平和と幸福を見出した者もいれば、家が波乱と困難の人生を過ごす場となった者もいる。その家にわずかな期間しか住まなかった者もいれば、長いあいだ同じ家で暮らした者もいる。フリーダ・カーロやポール・セザンヌのように両親の家に住んだ芸術家もいれば、オットー・ディクスのように望んだ場所から離れ、別の場所に落ちつかざるをえなかった者もいる。カンヌの邸宅で暮らしていたパブロ・ピカソや、ロンドンの屋敷で過ごしたフレデリック・レイトン卿のように、豪華な家に暮らした芸術家もいれば、ニューメキシコのジョージア・オキーフや、コーンウォールのバーバラ・ヘップワースのように、つましい生活を送った芸術家もいる。ウィリアム・モリスなどは、自分の作品に囲まれて暮らしていた。モリスの家は、大部分が自身と友人によってデザインされ、装飾がほどこされていた。

　この本では、さまざまな芸術家とその家に目を向け、彼らがいつどこで暮らしたのか、なぜ、どこで芸術に目覚めたのかといった、人生のさまざまなシーンを掘り下げている。彼らが創作した作品を紹介し、実際に暮らした家を見ていく。どの家も、芸術家たちの個性を伝えてくれる。たとえばレイトンの家はシンプルなレンガ造りの建物で、当初はヴィクトリア時代のお堅い隣人の目にさらされずにモデルが出入りできるよう、秘密の通路がもうけられていた。その後、旅を通じて刺激を受けたレイトンは、自宅の大幅な改築を行い、その結果、いまでは見物客がひっきりなしに訪れ、その雰囲気に驚嘆する場所となっている。とりわけ息をのむのがアラブホールだ。12世紀のシチリア島

　の宮殿にインスピレーションを得てつくられたこのホールには、ムーア式のタイルや雷文装飾、装飾帯（フリーズ）、柱、噴水などが見られる。

　庭づくりに熱心だった芸術家もいる。サセックスのヴァネッサ・ベルや、ジヴェルニーのクロード・モネなどがそうだ。ランサローテ島の地下に居を構えたセザール・マンリケなどは、地面より低い場所で暮らしていた。モンマルトルの丘の上のアパートで暮らしたシュザンヌ・ヴァラドンのように、高い場所に住むことを選んだ画家もいる。ルノワールのように、家の中のアトリエが子供の遊び場を兼ねていた画家もいれば、セザンヌのように、アトリエを厳粛な孤独の場とした画家もいる。ルシアン・フロイドのロンドンのアトリエは作品に欠かせない要素となり、1980年代以降の絵画によく登場している。ショニバレはアトリエを開放し、続々と集まる芸術家たちのために展示スペースまでもうけている。

　この本はまさに扉を開く1冊となるだろう。ページをめくって、芸術家たちの最も個人的な空間に足を踏み入れてほしい。しばしば創作手法を明かさないことで知られる彼らの住まいをのぞいてみよう。芸術家というのはある意味、遠い昔の錬金術師に似ている。この先に続く章は、芸術家たちの家という、魔法のような化学反応が起こった場所への扉を開く鍵となるはずだ。

JOSEPH MALLORD WILLIAM TURNER

Twickenham, UK

ジョゼフ・マロード・ウィリアム・ターナー
トゥイッケナム（イギリス）

　1807年、32歳の画家ジョゼフ・マロード・ウィリアム・ターナー（1775-1851）は、トゥイッケナムとリッチモンド・ブリッジの間にあるマーブル・ヒルの近くに、2区画の土地を購入した。当時、そのあたりはまだ辺ぴな場所だった。ターナーは、ロンドンの喧騒から離れて心穏やかにスケッチをし、コベント・ガーデンで理髪店とかつら製造業を営んでいた父親が引退して一緒に暮らせるよう、家を建てようと考えたのだった。

　18世紀終盤から19世紀初頭にかけて、トゥイッケナムやリッチモンドといったロンドン西部は、芸術家や作家たちがこぞって暮らした人気の地区で、ターナーにもなじみのある場所だった。ロンドンのコベント・ガーデンで生まれたターナーは10歳のころ、母親が精神不安定の傾向を見せはじめたため、ブレントフォードの叔父の元に預けられた。ターナーはのちに、アイズルワースやハマースミスに家を借りている。これら3つの土地は、マーブル・ヒルからもほど近い。

　ターナーは天才児だった。父親は幼い息子の絵を自分の理髪店に飾り、数ペンスで売ることもあった。ターナーは14歳で王立芸術院に入学すると、その翌年には最初の作品が展示された。画家としての出発点は建築物や地誌的なモチーフを描いた水彩画だったが、じきに歴史や文学、神話にテーマを広げ、表情豊かな自然の風景を描くようになった。1799年に王立芸術院の準会員に選ばれ、1802年には正会員となった。それ以降、ターナーの作品は人気を博した。生活もかなり豊かになり、友人とともにロンドンの高級住宅街ハーレー・ストリートのアパートに居を移す。さらには、ナポレオン戦争のため長らく実現できずにいたヨーロッパ周遊旅行にも出かけている。海外にいても自宅にいても、ターナーは劇的な景観や海辺の風景を好んでスケッチした。1804年、個人ギャラリーを開設し、その3年後、王立芸術院の遠近法教授（Professor of Perspective）に就任。作品の署名にも「PP」や「RA」が添えられるようになる。1828年まで王立芸術院で教鞭をとり、指導のかたわら多数の絵画、スケッチ、版画を創作した。

　ターナーは絵画の慣習を打ち破り、風景画や海景画に新風を吹き込んだ。とくに後期のいくつかの作品では、自然の力強さをかつてない手法で際立たせ、その画風は抽象的といえるほど表現豊かになった。さらには、それまで芸術にとってあまりに通俗的で魅力に欠けるとされてきた、蒸気船や鉄道など近代工業時代のモチーフをしばしば描いている。ターナーの影響力はきわめて大きく、多くの芸術家がそのあとに続き、新たな芸術運動が生まれるきっかけとなった。

ソウラス・ロッジ
SOLUS LODGE

　ターナーは、マーブル・ヒルの近くに、合わせて2エーカーになる二つの区画を購入した。一つは池のあるくさび形の土地で、もう一つは三角形の土地だった。1807年から1812年まで6年近くにわたって、ターナーはスケッチブックを住居のデザインで埋め尽くした。テムズ川沿いの景観を存分に楽しめるよう、塔を建てることまで考えていた。自宅の構想を描いたスケッチは約40枚におよぶ。この作業は、長年抱いてきた建築家になるという夢をかなえることに役立った。ターナーの家は1813年に建てられ、その翌年、ターナーは父ウィリアム・ターナー（愛情を込めて「オールド・ダッド」と呼んでいた）とともに移り住んだ。ウィリアムは息子のために家を管理し、庭の手入れや炊事、洗濯をした。ターナーはテムズ川沿いを散歩しながらスケッチをしたり、庭で絵を描いたり、友人をもてなしたりした。家は地下室のある2

階建てで、両側に平屋の棟があった。家の中はというと、1階の中央にはフレンチ窓と暖炉のある大きな部屋が、両側の棟にはそれぞれ小さな部屋があり、一つは食堂として使っていたようだ。最初のうちターナーは、追い求めていた平穏と孤独を象徴するように、この家を「ソウラス・ロッジ」と名づけていたが、のちにサンディクーム・ロッジと呼び名を変えている。

ターナーより20歳ほど年上のジョン・ソーンは、ターナーのよき友人であり、王立芸術院の同僚でもあった。ソーンはイングランド銀行やダルウィッチ・ピクチャー・ギャラリーなど数々の著名な建築物を手掛けた建築家であり、ソーンの存在はターナーの住居デザインに強い影響を与えた。そのデザインは、小さな玄関ホールや廊下に連なるアーチ、階段上部にしつらえた大きな楕円の天窓といった、新古典主義的な均整のとれた形に強く表れている。建築当初、このどこかイタリア風の家は農地に囲まれ、玄関の前には未舗装の道があり、窓からはマーブル・ヒル・ハウスやテムズ川が眺望できた。窓は大きく、全体をすっぽりと覆う木製のよろい戸も備わっている。正面のポーチにはバルコニーが張り出し、家の裏手にも小さなバルコニーがある。玄関ポーチの先には広いホールがあり、さらに応接間と居間へと続く。らせん階段を上がると、壁紙に彩られたターナーの寝室と少し小さな父親の寝室が、階段を下ると、「オールド・ダッド」が腕をふるったキッチンがある。

周りの世界に目を向ける
RESPONDING TO HIS SURROUNDINGS

ターナーは、自然を表現する新たな手法を見出した。つねにスケッチブックを携え、サンディクームでスケッチや絵画制作にいそしんだ。また、近隣を歩き回っては景色をスケッチし、のちに絵画の下絵として用いた。川沿いの船引き道を散歩するのが好きだったが、とりわけ気に入っていたのが、あたりを一望できるリッチモンド・ヒルだった。家から丘の頂上まで半時間の道のりを歩き、そこで光の具合や天気、風景、とくにテムズ川の景色を観察した。それをもとに、ターナーは鉛筆画、油絵、水彩画、版画を制作している。

ターナーにとって、寝室の窓からテムズ川を望めることは重要な点ではあったが、基本的に、住居にアトリエを組み込むことはなかった。作品を仕上げるために、ターナーはロンドンのメリルボーンに住居兼アトリエをもっていて、サンディクームはあくまで心安らぐ住まいだった。周囲を散策するのと同じぐらい、自宅の広々とした庭で過ごすのが好きで、大きな池でよく釣りをして楽しんだ。一人のときもあれば、親しい仲間と一緒のときもあった。ソーンの姿もよく見られた。

ターナーがサンディクームで暮らしていたころは、ナポレオン戦争が長引いていて、イギリスが侵略の深刻な脅威にさらされた時期もあった。そのあいだもターナーは、周辺の地域と時事的な出来事の両方を題材に、スケッチや絵画、版画の制作を続けていた。どうにかして旅に出た際も、自宅を恋しがり、その気持ちを友人たちへの手紙にしたためている。だが、1826年になると父親の健康状態が悪化し、ふたたびヨーロッパ各地を回る機会も増えていたターナーはサンディクーム・ロッジを最も近い隣人に500ポンドで売り渡し、ロンドンに戻ったのだった。

P.12：トゥイッケナムにあるサンディクーム・ロッジの、クリーム色の外壁。田舎の別邸兼父親の住まいとして、ターナーによって1813年に設計、建築された。
上、P.15：新古典様式の家は安らぎに満ちている。テムズ川が見渡せ、近くには散歩にぴったりの道がいくつもある。
P.16-17：サンディクーム・ロッジの寝室。

> 「サンディクームという名は、今年はほとんどあの場所で過ごせなかったことを振り返ると、いまの私の耳には、まるで愚かな行為を指す言葉のように聞こえる」
>
> *J・M・W・ターナー*

THOMAS COLE

Catskill, New York, US

トマス・コール
キャッツキル（アメリカ、ニューヨーク）

広大なアメリカの風景を生き生きと描き、美術運動ハドソン・リバー派の創始者としても知られる芸術家で建築家のトマス・コール（1801-48）は、亡くなるまでの15年間、キャッツキル（ニューヨーク）のシーダー・グローブで暮らし、創作活動を行っていた。

1818年、17歳だったコールは家族とともにイギリス北部のランカシャーからアメリカに渡った。コールは両親や7人の姉妹とオハイオに落ちついたのだが、数年後、一人でフィラデルフィアに移り、木彫り職人として働いた。その後、父親が新たに創業した壁紙工場の事業に加わるため、オハイオに戻った。コールはオハイオ、フィラデルフィア、ピッツバーグと短期間で引っ越しを繰り返しながら、2年間、ペンシルバニア美術アカデミーで学んだ。基本的には、コールはほぼ独学で芸術家となり、初めのうちは肖像画や風景画の依頼を受けていた。詩も書き、詳細な日記をつけ、当時の人気雑誌『ザ・ニッカーボッカー（The Knickerbocker）』に記事を寄稿し、1830年代半ばからは建築家としても活動した。後年、ヨーロッパに旅し、帰国後はヨーロッパのロマン主義的な風景画に見られるモチーフや技術を取り入れ、北アメリカの風景を描いた。そうした試みを行った画家は、コールが初めてだった。

キャッツキル
CATSKILL

1825年、ニューヨークのハドソン川沿いをスケッチ旅行中、コールはキャッツキル山地の東部を探索し、そのスケッチから5枚の印象的な絵画作品を創作する。コールはニューヨーク市の書店主に頼み込み、5枚の絵を店のウィンドーに飾ってもらったところ、画家のジョン・トランブル、同じく画家のアッシャー・ブラウン・デュランド、舞台プロデューサーのウィリアム・ダンラップというニューヨーク芸術界の著名人たちがコールの絵を目にし、こぞって買い取った。彼らはコールの才能を広め、裕福なパトロンたちに紹介した。こうしてコールの牧歌的な風景画は、ニューヨークの芸術コミュニティで知られるようになった。コールはニューヨークに留まり、ナショナル・アカデミー・オブ・デザインの創立メンバーにもなった。

ハドソン川沿いの壮大な風景を描いたコールの絵画は、当時のアメリカの人々の理想と宗教的な感情を表現するものだった。信仰心のあついコールは、自身の作品を、拡大を続ける工業化によって自然が失われていくという、アメリカが辿る破壊的な道筋への警鐘とした。コールは、アメリカの人々が神の意志をないがしろにしていると考えていた。このメッセージを伝えようと、コールは審判の時が迫っていることを暗示するような寓意的な作品もいくつか描いている。

キャッツキルを初めて訪れてから4年がたち、名声が不動のものとなったころ、コールはヨーロッパへの長期旅行（何度か繰り返している）に出た。イギリスで展覧会を開き、風景画家のターナーやジョン・コンスタブル、肖像画家のトーマス・ローレンスといった現地の芸術家たちとも会った。ヨーロッパに発つまえ、コールはニューヨーク市にアトリエを構えていたが、夏のあいだはキャッツキル村にある、ハドソン川西岸のシーダー・グローブと呼ばれる農場に別荘を借りていた。地元の商人ジョン・アレクサンダー・トムソンが所有していた農場で、その見事な景観をコールは飽きることなく描いた。1832年、ヨーロッパ旅行から帰国したコールは、シーダー・グローブに戻っている。3年

上：玄関ホールのドアと、床まで届く窓に囲まれたコール邸の居間。
開放感があり、明るい光に包まれている。
P.23：キャッツキルに建つコール邸の、優雅なイタリア風のファサード。

後、アメリカの風景に関するエッセイを書き、大きな反響を得た。そしてその翌年、コールはトムソンの姪マリア・バートーと結婚し、キャッツキルに定住した。

結婚後、コールとマリアは農場の母屋に移り、トムソンの家族たちと大所帯で暮らした。1815年にトムソンの兄トマス・T・トムソンによって建てられた、調和のとれた形と高い天井が特徴の、落ちついた雰囲気の家だった。1821年、兄の死によって家と土地、離れはジョン・アレクサンダー（親しみを込めて「アンクル・サンディ」と呼ばれていた）が相続していた。1839年、コールは区画のはずれの2.5エーカーの土地を購入し、自身の家族のために別棟を建てようとした。何年ものあいだ願っていたことで、建築家でもあったコールは自ら設計図を描き、当時の豪華な住宅の流行にならって、イタリア風の様式を選んだ。3階建てで、大きな玄関にサイドポーチ、寄棟屋根、周囲の景色（といってもハドソン川は見えなかった）が一望できる塔、下の階にはアトリエを備えた家を考えていた。だが経済的な理由により、この家が建てられることはなかった。コールとマリア、そしてメアリー、エミリー、エリザベス、トマス・ジュニア、セオドア・アレクサンダーの5人の子供たちと、マリアの姉妹、そのほかの大家族の面々は、その後も母屋でともに暮らし続けた。コールとマリア、子供たちは、居間と子供部屋、主寝室のある3階を住居として使っていた。土地を購入してからの7年間、コールは敷地の納屋をアトリエにしていたが、1846年、自ら設計したアトリエを建てている。豪華で広々とした長方形のアトリエは、納屋の2倍の大きさだった。ツタで覆われたポーチ、ベージュ色の下見板が張られた壁、緑色のよろい戸に、床から天井に届きそうなほど大きな窓が特徴的な、北、東、南の3方向に面した家だった。悲しいことに、アトリエが完成してわずか1年ほどで、コールは胸膜炎を患い、47歳の若さで亡くなった。

ハドソン・リバー派
HUDSON RIVER SCHOOL

　コールはハドソン・リバー派の創始者だった。アメリカの画家たちによるグループで、彼らはアメリカの風景、とくにニューヨーク州ハドソン川渓谷周辺の、手つかずの雄大な自然を描き出そうとした。この場所を最初に描いたのはコールで、蒸気船で渓谷を旅したときだった。ロマン主義にインスピレーションを得たコールは、理想主義と写実主義を融合した。その作風は、フレデリック・エドウィン・チャーチやアルバート・ビアスタット、アッシャー・ブラウン・デュランドらさまざまな芸術家に影響を与えた。コールを含め、多くのハドソン・リバー派の芸術家たちは、アメリカの景観が神の意志に反して破壊されていると信じていた。その作品のなかには、天罰の暗示を表したものもある。コールたちは、金色の光に包まれる山々や森、草木、果てしなく広がる空など、自然をありのままに、そして劇的に描いた。

「ああシーダー・グローブよ！
汝の安らぎに満ちた
木陰との別れを思うと
我が胸は痛む
祝福の岸辺を離れ
二度と戻れぬと涙にむせぶ
流浪者のように」

トマス・コール

ROSA BONHEUR

Fontainebleau, France

ローザ・ボヌール
フォンテーヌブロー（フランス）

19世紀で最も著名な芸術家の一人であるローザ・ボヌール（1822-99）は、自らの収入で土地を購入した初めてのフランス人女性でもあった。ボヌールが手に入れたシャトー・ド・ビィ（のちにシャトー・ド・ローザ・ボヌールと呼ばれるようになる）はセーヌ川に近い、パリ南部のフォンテーヌブローの森のはずれにある。

動物を正確に、そして生き生きと描いたことで高い評価を得た小柄な画家ローザ・ボヌールは、その作品が世界じゅうで人気を博し、イギリスのヴィクトリア女王から招待を受けるほどの成功をおさめた。ボヌールにまつわる歌が作曲され、彼女に似せた人形までもが作られ、よく売れたという。

ボヌールはボルドーに生まれ、6歳のとき、芸術家の父と音楽教師の母、3人のきょうだいたちとともにパリに移った。両親は、社会の調和を唱え、とりわけ、女性も男性と肩を並べて平等に教育を受けるべきだと主張していたキリスト教社会主義の信奉者だった。そのため、ボヌール家の4人の子供たちはみな良い教育を受け、自信を身につけ、階級や性別の違いを意識することはなかった。そして4人とも芸術家になった。

幼いボヌールにアルファベットを学ばせようと、母親はそれぞれの文字ごとに、ボヌールに動物の絵を描かせた。この訓練が、終生変わらぬ動物への愛情と理解をもたらしてくれたとボヌールは語っている。父親は娘にデッサンや絵画、彫刻の手ほどきをし、娘がスケッチできるよう、ときには生きた動物をアトリエに連れ帰った。ボヌールはその後も、機会を見つけては野原にいる家畜を観察した。パリの食肉処理場で動物の生体構造を学び、同じくパリにある国立獣医学研究所で、動物の死骸を解剖したこともあった。

初期の成功
EARLY SUCCESS

10代の初めから、ボヌールは創作に励み、たちまち一流との呼び声が高まる。23歳のとき、ボヌールはパリのサロンに18点の作品を出品し、その多くがメダルを獲得した。フランス政府からの制作依頼が舞い込み、イギリスやアメリカの買い手たちにとくに人気があった。そんなボヌールは、当時の女性としては異色の人生を歩んだ。食肉処理場や家畜市場、農場を訪れるために、男性の衣服を着用する許可である異性装許可証を取った（女性がズボンを身につけることは、当時違法とされていた）。髪を短くし、葉巻を吸い、ドレスを着るのは肖像画のモデルになるときだけだった。同性愛に人々が眉をひそめる時代だったが、ボヌールは子供時代からの友人、ナタリー・ミカとおおっぴらに同棲していた。このことで、ボヌールと家族のあいだには不穏な空気が漂うことになる。

1853年までにボヌールは権威あるサロンで数々の賞を受賞し、審査を経ずに作品が展示されるまでになった。その年のサロンにて、ボヌールは記念碑的な作品『馬の市（The Horse Fair）』を初披露する。1854年、この作品をイギリスの美術商が4万フランスフランで買い取った。同時代の多くの男性芸術家が手にする3倍もの金額だった。フランス随一のアニマリエ（動物画家）となったボヌールは、著名人としてもてはやされた。

上、P.27-28：ビィ城は生き物と剥製であふれ、
ボヌールは作品のモデルにしていた。

田舎への転居
MOVING TO THE COUNTRY

　ボヌールは有名になり人々の注目が集まったことに嫌気がさし、1859年、セーヌ＝エ＝マルヌ県トメリ近郊の小さな村に建つ、15世紀のマナーハウス「シャトー・ド・ビィ（ビィ城）」を購入する。モレ＝シュル＝ロワンから8キロ（5マイル）ほどの、パリの喧騒から離れた静かな場所で、ボヌールは近くの森でスケッチや絵を描き、田園地方の野生動物と触れ合い、増え続ける動物たちを気兼ねなく飼うことができた。家を手に入れてすぐに、ボヌールはさまざまな動物を集めはじめる。最終的には、ヒツジ、ヤギ、馬、犬、雌牛、鹿、イノシシ、鶏、カワウソ、そして3頭のライオンといった、200を超える動物を飼っていた。動物たちは家の中や、城の広大な敷地に建てられた専用の囲いの中で暮らした。こうしてボヌールは、多種多様な動物たちを間近に観察することができた。

　ボヌールは動物の世話係も雇っていたが、自身で訓練もした。そばで新聞を読んだりスケッチをしたりして、それぞれの動物と何時間も過ごした。そうしてなついた動物たちを、ボヌールは飼いならしていた。動物たちを描き続け、姿かたちや質感、特徴をとらえ、動きや筋肉を分析し、行動を観察する。ボヌールは何も見逃さなかった。獣医とも、対等な立場で、科学的で示唆に富んだ手紙を頻繁に交わしている。専門家の男性と真剣なやり取りをするのは、当時の女性としては偉業といえることだった。

　ボヌールは37歳のとき、ミカとミカの母親アンリエットとともにビィ城に移ると、快適な住居にしようとすぐさま改築を始める。最初に、明るい光に満ちたネオゴシック様式のアトリエを建てた。自分とナタリー、アンリエット、さらには客や使用人たちの寝室も改修している。使用人のなかには、動物の世話係、厩務員、御者、庭師、さらには執事のエティエンヌと料理人のセリーヌという夫婦もいた。使用人たちの部屋と階段でつながった、シンプルなキッチンは近代的で、食料を保管するパントリーと、大きな食堂もあった。ボヌールの生活は自給自足に近く、果物や野菜を育て、鶏たちの産んだ卵を料理に使っていた。少数の親しい友人たちや同業者、美術商、作品の買い手や著名人たちを、たびたび招いてもてなした。ナポレオン3世の妻フランス皇后ウジェニーも、1865年、レジオン・ドヌール勲章を授与するため城を訪れている。女性が女性の手によってこの勲章を受けたのは、

そのときが初めてだった。皇后は自らの手でボヌールのブラウスに勲章を留め、「才能に性別はない」と言ったとされる。

ボヌールは40年にわたってビィ城で暮らし、生活のパターンはほとんど毎日同じだった。夜明けとともに起床し、森を歩いてスケッチにぴったりの場所を探すと、夕暮れまで作業を続けた。ほとんど一人で過ごしたが、何人かの芸術家仲間とは付き合いもあった。良き友人だった画家のポール・シャルダンとは、よく一緒にスケッチをしていた。日中、野外で描いたものをもとにして、アトリエで絵画を創作した。彫刻も手掛けたが、彫刻家の弟イシドールの評価に影を落とさないよう、1848年のサロンを最後に彫刻作品の出展はやめている。だがその後も彫刻は続け、地方の展覧会などでイシドールの作品と並べて展示し、姉弟で共同制作することもあった。彫刻の制作を通して動物の生体構造を理解し、知識を深め、それを絵画に生かせるのだとボヌールは言っている。

1889年、40年ともに暮らしたミカが亡くなると、ボヌールは深しみに打ちひしがれた。だが6年後、30歳以上年下のアメリカ人画家アンナ・クルンプケと出会う。そしてその3年後、ボヌールとクルンプケはビィ城で一緒に住みはじめる。当時70代だったボヌールは、クルンプケのために新たなアトリエを建設している。クルンプケはボヌールの肖像画を3枚描き、ボヌールの伝記を書いた。ボヌールが亡くなったとき、親族の期待に反してクルンプケが遺産の単独相続人に指名されていた。その年、クルンプケはローザ・ボヌール記念芸術学校を開校し、女性たちに芸術教育を提供した。

「私たちがつねに
動物を理解していなくとも、
動物たちはつねに
私たちを理解している」

ローザ・ボヌール

上：忙しい毎日を管理する場所として、ボヌールは静かで快適な書斎を求めた。

GUSTAVE MOREAU

Paris, France

ギュスターヴ・モロー
パリ（フランス）

　1852年、26歳の画家ギュスターヴ・モロー（1826-98）の両親は、パリに邸宅を購入し、息子のために最上階の一角をアトリエに改装した。モローはそこで亡くなるまで暮らし、創作活動を続けた。

　ギュスターヴ・モローは1万5000点以上の油彩画、水彩画、デッサンを残したが、多くが寓意や聖書、神話を題材に描いたものである。象徴主義の先駆者で、最も重要な象徴派画家の一人とされるモローは、自らが考え出したシンボルを謎めいた絵画の中に織り込み、それを通して人間の精神体験を表現しようとした。

芸術家となる
BECOMING AN ARTIST

　ギュスターヴ・モローは、裕福な中産階級の家庭に生まれ、パリで育った。有名な寄宿学校に入ったが、姉のカミーユが亡くなると、両親はモローを家に戻した。病弱だったモローは、幼いころより絵の才能を示し、ギリシャ語やラテン語を学び、ピアノを弾き、父親の書斎でフランス文学や古典文学を読んで過ごした。15歳のとき、母親とイタリアを旅行したモローは、そこで将来は芸術家になろうと決意する。それから数年のうちに、パリの名門エコール・デ・ボザールに入学していた。3年間学んだが、権威あるローマ賞のコンクールに2度挑戦して失敗し、エコール・デ・ボザールを退学。その後の数年間、モローはルーヴル美術館でスケッチや模写をし、1850年代の前半にはフランス政府からの注文もいくつか受けている。

　1851年、モローは画家のテオドール・シャセリオーと出会う。シャセリオーは新古典主義の芸術家ジャン＝オーギュスト＝ドミニク・アングルの元で学んだことがあり、その作風は新古典主義とロマン主義を融合したものだった。モローはシャセリオーの作品に大いに刺激を受け、パリのピガールでシャセリオーの隣の部屋にアトリエを借りた。1852年、モローの作品が初めてサロンに受け入れられる。同じ年、両親がラ・ロシュフコー通り14番地に家を購入した。両親は同居したが、家は息子の名義にして、3階にアトリエを構えさせた。

　そのころから、モローは伊達男（ダンディー）な暮らしを送るようになる。上等な服を着てオペラや劇場に足しげく通い、友人宅の応接間で開かれる夜会で歌い、ピアノを弾くこともあった。だが1856年、シャセリオーが亡くなる。モローよりも7歳年上ではあったが、まだ37歳の若さで、その早すぎる死に深い悲しみをおぼえたモローは約1年後パリを離れ、イタリアへと旅に出る。その2年後、イタリアで目にした偉大な芸術家たちの作品の模写やスケッチを数百点携えて、モローはフランスに帰国した。1862年には父親を亡くすが、油彩画『オイディプスとスフィンクス（Oedipus and the Sphinx）』がサロンに入選してメダルを受賞し、これにより芸術界での地位を確立する。モローの作風は当時のフランスで主流の写実主義とは相いれぬものだったが、作品は大いに称賛された。多くがキリスト教的なモチーフを古典や異教の要素と組み合わせた作品で、モローの描く曲線的な体に官能的な表情を浮かべた女性像や、細身で中性的な顔つきの男性像は、ほかの芸術家たちや、当時流行のデザイン様式であったアール・ヌーヴォーにも影響を与えた。謎めいた絵画の中で、モローは物質界の不完全さや無常性を印象づける不思議な光景を描いている。

　1860年代を通じて、モローの名声は高まる一方だった。1869年のサロンで、モローは『プロメテウス（Prometheus）』と『エウロペ（Europe）』（『エウロペの誘拐（The Abduction of Europa）』というタイトルでも知られている）の2点の絵画を出品した。『プロメテウス』はメダルを獲得したが、『エウロペ』は紙上で酷評を受ける。それをきっかけにモローは7年間サロンから遠ざかり、1880年には完全にサロンへの

出品をやめてしまった。以降、モローは人々や記者たちから隠遁者とみなされるようになる。それでも1883年には、芸術での功績によりレジオン・ドヌール勲章を授与されている。その翌年、母親がこの世を去り、母親と固い絆で結ばれていたモローは悲嘆に暮れた。親しい友人との付き合いは続けたものの、ますます社会から離れ、孤独に過ごすようになる。作品を展示することもまれになり、ブリュッセルでの「20人展」(レヴァン)(カミーユ・ピサロ、ベルト・モリゾ、ジョルジュ・スーラらが出展)への招待(1887年)、エコール・デ・ボザールの教授職への就任依頼(1888年)、ソルボンヌ大学の建物の装飾の仕事(1891年)など、大きな仕事をいくつも断っている。しかし、友人で、エコール・デ・ボザールで教鞭をとっていた画家仲間が亡くなると、亡き友の代わりに教授職を引き受け、教育者としての優れた才能を発揮した。アンリ・マティスやジョルジュ・ルオーも、モローが教えた大勢の生徒の一人である。

後世への保存
PRESERVED FOR POSTERITY

パリ9区ラ・ロシュフコー通りの邸宅は、控えめなたたずまいの家だった。80平方メートル(861平方フィート)の敷地に建ち、新古典主義様式のファサードに、前庭と裏庭があった。3つのフロアにまたがる住宅に、モローと両親は快適に暮らしていた。彼らは2階で同居し、モローのアトリエはその上の階にあった。1階は賃貸に出し、2階には食堂や寝室、応接間、廊下、父親の事務室兼書斎があった。

1895年、69歳になったモローは、11年間一人で暮らしてきた家を、自分の死後、フランス国民のための美術館にしようと決意する。だが広さが十分ではなかったため、前庭を取り払い、通りに面するように家の正面を前方へと拡張した。そのほかに空間を増やせる場所といえば、建物の上しかなかった。父親が建築家だったモローは、建物

の改築にとくに興味を抱いていて、建築家のアルベール・ラフォンと共同で美術館を設計した。アトリエの上部に広々とした展示室を2部屋増築し、下の階とはアール・ヌーヴォー様式の壮麗ならせん階段でつないだ。

　亡くなるまでの3年間、モローは自分の作品を後世に残すため、それぞれをどこにどう配置するのかを考え、忙しい時間を過ごした。そのころモローは3階のアトリエにベッド、姿見、洗面台を設置し、そこで生活していた。階下にある幅の広い廊下の壁には、シャセリオーなど友人たちの肖像画、彫刻、写真、デッサンなどを飾った。1898年、モローは癌で亡くなり、邸宅は丸ごとフランス国家に残された。家の中の作品──デッサン4000点以上、絵画1200点以上、数百点の水彩画が含まれる──だけでなく、家具や装飾も、モローが暮らしていた当時のまま遺贈されている。

「人の手が生み出した作品が、
絶対的かつ決定的に重要だと
信じない者はいないだろう。
なぜならこの世界は
夢にすぎないと、
私は信じるからだ」

ギュスターヴ・モロー

P.34：壮麗なアール・ヌーヴォー様式のらせん階段。
左上：広々とした廊下には、ほかの作品と一緒に肖像画も飾られている。
左下：モローの絵画で埋め尽くされたアトリエ。

FREDERIC, LORD LEIGHTON

London, UK

フレデリック・レイトン卿
ロンドン（イギリス）

　木々が立ち並ぶロンドンのケンジントン通りは、長きにわたり芸術家や作家、音楽家たちの楽園となってきた。1864年から1879年にかけて、建築家のジョージ・アイチソン・ジュニア・RAは、ホランド・パーク・ロードに壮麗で堂々とした赤レンガ造りの建物を建てた。そこは、画家で彫刻家、王立芸術院の会長でもあったフレデリック・レイトン卿(1830-1896)の住まいだった。

　レイトンは、ヴィクトリア朝時代、最も影響力があった芸術家の一人である。イギリスの海辺町スカボローの有力者の家に生まれた。2歳のとき、両親と二人の姉妹とともにロンドンに引っ越すと、以後20年近くヨーロッパを旅して回る生活が続いた。パリに滞在したかと思えば、ドイツに移動し、次はイタリアに向かうといった具合だった。レイトンはベルリン、ミュンヘン、フィレンツェ、フランクフルト、ブリュッセル、パリで芸術を学んだ。そして、ロバート・ブラウニングとエリザベス・バレット・ブラウニング夫妻やウィリアム・メイクピース・サッカレー、ジョルジュ・サンドら、ヨーロッパ中に交友関係を広げた。

　1855年、レイトンは画家のジョージ・フレデリック・ワッツと知り合う。彼はケンジントンにあるトービーとサラのプリンセプ夫妻の屋敷リトル・ホランド・ハウスで居候を始めたところだった。プリンセプは1850年、ホランド卿夫妻より屋敷を借り受け、ワッツはそこに前衛芸術家や作家の友人たちを招待した。レイトンのほかに、サッカレー、ダンテ・ゲイブリエル・ロセッティ、エドワード・バーン＝ジョーンズ、アルフレッド・テニスンらも集まっていた。レイトンはワッツから、ホランド卿夫妻がホランド・パーク・ロードの1区画を売りに出そうとしていると聞く。当時、ロンドン西部のその界隈はかなり鄙びた場所だった。ホランド・パーク・ロードの南側は庭や厩舎と接していて、レイトンにとっては家とアトリエを構えるのに完璧だった。

土地を手に入れる
ACQUIRING THE PLOT

　1850年代後半から1860年代初頭にかけて、レイトンはアルジェ、トルコ、ロードス島、エジプトを旅し、その数年後、ダマスカスを訪れている。どこに行こうと、レイトンは芸術品や陶器のタイル、モザイク、皿、壺、カーテンといった工芸品を求めた。家が建てられるころには、すでに膨大なコレクションが集まっていた。1864年、王立芸術院の会員となったことで、レイトンの絵画は高値で売れるようになり、ついに思い描いていた自宅兼アトリエを建てる資金を得た。

　新聞や雑誌でよく取り上げられ、一般にも公開されているレイトンの家は、彼のお気に入りの場所を参考にして設計されている。パリのウジェーヌ・ドラクロワといった、ヨーロッパの芸術家たちのアトリエを訪れていたレイトンの頭には、理想とする自宅アトリエの姿があった。それは、友人や一般の人々を招くことができ、なおかつ静かに、プライバシーを保って暮らせる場所だった。

控えめな贅沢さ
UNDERSTATED OPULENCE

　家の建築は1864年に始まった。その後何年かかけて、レイトンは新たに売りに出された土地を買い、区画を広げた。そして1877年、アラブホールの建設が始まる。

　家の外観はサフォークの赤レンガとカーンの化粧石材を組み合わせた古典的な様式だが、中に入ってみると、2階建てのアラブホールはまったく異なる様式で建てられているのがわかる。1881年に完成したこの豪華な広間は、レイトンがシリアやトルコ、ペルシャで集め

上:レイトンの広々として贅沢なアトリエの一部。
作業場としてだけでなく、応接間、毎年の恒例行事であった音楽会の会場としても使われていた。
P.39:壮麗なナルシサスホール。

上：1880年代に撮影された、レイトンのアトリエのモノクロ写真。
P.40：レイトンの事務室。

た1000枚のタイルで飾られている。壮大な金色のドームや、モザイク、タイル、彫刻、噴水、鉄格子、柱、尖頭アーチなどに囲まれた広々とした空間は、シチリア島パレルモにある12世紀のムーア式ノルマン宮殿をモデルに、アラブやノルマン、ビザンチン様式の要素が織り交ぜられている。

ベネツィアもレイトンに大きな影響を与えた。アラブホールへと続くらせん階段は、15世紀から16世紀のベネツィア宮殿の中庭がモデルだった。アラブホールの隣はナルシサスホールで、1862年にポンペイで発掘された像が置かれている。その一つがナルシサスをかたどった(当初はそう考えられていたが、現在ではディオニュソスだとする見方が一般的である)ブロンズ像の原型で、ホールの呼び名はこれにちなむ。1階には優美なシルクルームや、西に面した出窓がある大きな応接間などがある。レイトンは部屋の壁を、友人であるワッツやジョン・エヴァレット・ミレー、エドワード・バーン＝ジョーンズ、ジョン・シンガー・サージェントらの作品で飾った。

レイトンは、家の中で唯一完全に私的な部屋となる自身の寝室を、質素ですっきりとした雰囲気にまとめ、壁にはウィリアム・モリスの紺青色の壁紙をあしらった。キッチン、食器室、パントリー、ワインセラー、執事や使用人の寝室などは階下にあった。

アトリエ
THE STUDIO

ほかのどの部屋よりも大きいのは、最上階にあるレイトンのアトリエである。ドーム形の開放感のある部屋には光がたっぷりと差し込み、制作中の作品や小道具、用具、イーゼル、テーブルや椅子などであふれていた。3つの暖炉が部屋を暖かく保ち、テーブルの上には本や書類、そのほかの資料が山と積まれ、モデルや友人が座る椅子が部屋を囲むように置かれていた。広大な空間で、2枚の「ムーア風」のステンドグラス窓が、きらきらと輝く色彩を周囲に投げかけている。さらに1889年から1890年にかけて、レイトンは日光が乏しい時期のためのウィンター・スタジオ(冬用アトリエ)を建設した。レイトンの死後、そこで大量のスケッチブックや1000枚を超えるデッサンが見つかっている。

レイトンの創作手法は、何段階もの工程を、数週間、数か月、あるいは数年かけて進めるという複雑な過程を要するものだった。題材と構成が決まると、レイトンは実物をモデルに何枚もの詳細なデッサンを描いた。そして作品全体の構図を確立するために、完成形に近いデッサンを仕上げる。光や影の位置、描くものの大きさなどを記録しておくために、小さめの油彩スケッチや、大きなモノクロのデッサンを描くこともあった。それらのスケッチを細かく確認しながら、完成版の制作に取りかかる。まず、最も暗い色調を下塗りし、最後に、暗い部分から明るい部分へと色を塗っていく。絵を描く過程をこれほどまでに楽しんでいる画家は自分をおいてほかにいないだろう、とレイトンは述べている。依頼された仕事や、王立芸術院の夏の展覧会に出展する作品など、同時に何点もの作品に取り組むことが普通だった。

旅を重ねるなかで、レイトンはヨーロッパの芸術界や文学界にさまざまな友人を得たが、その多くがレイトンの家を訪れている。少人数の友人たちと食事をすることもあったが、さらに大勢が集まることもあった。日曜の午後3時から5時のあいだに開かれていた、「アット・ホーム」と名づけられた会は有名だった。訪問客たちは家の中を散策し、レイトンのコレクションを眺めて楽しんだ。レイトンは「貧しい」訪問客たちも受け入れている。毎年3月の終わりから4月の初めにかけての週末、夏の展示会に作品を搬出するまえに、一般の人々を家に招き入れ、王立芸術院での展示に先駆けて作品を公開した。「ショー・サンデー」と名づけられたその日には、数日後に新聞の紙面を賑わすことになる絵画をひと目見ようと、数千人もの人々がレイトンの家に詰めかけた。そのほかにも毎年の恒例行事として、友人たちを招いての音楽会も開いていた。「一年で最高のお楽しみの一つ」と評判だった。

家の建設が始まってから約30年後の1894年、64歳のレイトンは体調を崩した。北アフリカに保養の旅に出て、王立芸術院の会長の座も辞した。ナイト爵の授与から8年後に准男爵となっていたレイトンは、1896年にふたたび叙勲されレイトン男爵となった。画家としてこの栄誉を受けたのはレイトンが初めてだった。だがその翌日、狭心症でレイトンはこの世を去った。

PAUL CÉZANNE

Aix-en-Provence, France

ポール・セザンヌ

エクス＝アン＝プロヴァンス（フランス）

　エクス＝アン＝プロヴァンスにある18世紀の邸宅ジャ・ド・ブッファンは、セザンヌ一家が40年にわたって暮らした家である。ルイ＝オーギュスト・セザンヌが1859年に購入し、息子で画家のポール・セザンヌ（1839-1906）もよくこの家で創作を行った。セザンヌお気に入りの場所だった。戸外制作（オンプレネール）を行うようになり、独自の手法を編み出したセザンヌは、後に続く多くの芸術家たちに影響を与えた。あのピカソも「セザンヌはみなの父のような存在である」と言ったほどだった。

　世捨て人としても知られるポール・セザンヌは、40歳のルイ＝オーギュスト・セザンヌと24歳のアンヌ＝エリザベス＝オノリーヌ・オーベールの長男として生まれた。両親が結婚したのはセザンヌが5歳のときで、当時は父親が非嫡出子を認知するのはまれなことだった。ルイ＝オーギュストは帽子屋と銀行を経営する成功した商人で、60歳のときジャ・ド・ブッファンに、もとはプロヴァンスの州知事邸だった家を購入する。社会的地位を確立するのが目的だった。富もビジネスでの成功も手にしていたが、尊敬はされていなかった。アンヌ＝エリザベスとの間に2人も子供がいたのに正式に結婚していなかったことや、帽子屋と金貸しという、世間的にはいかがわしいとされていた職業で身を立てていたことが理由だった。ルイ＝オーギュストは息子をまともな仕事に就かせようと決め、そのためセザンヌは、20歳のころには渋々ながらエクス＝アン＝プロヴァンスの大学で法学を学んでいた。だが空いた時間に、地元の画家からデッサンや絵画を学んでいた。

プロヴァンスとパリ
PROVENCE AND PARIS

　1750年、広大な土地に建てられたジャ・ド・ブッファンは、農場と離れ、管理人小屋、大きな池、噴水、オレンジ温室を有し、車寄せには立派なクリの木が並んでいた。19世紀の終盤まで、エクス＝アン＝プロヴァンスには鉄道が通っていなかったため、ジャ・ド・ブッファンは町から隔てられた静かな場所だった。この地で、セザンヌは野外での制作を始め、美術史を変革させた斬新な絵画手法に取り組んだ。

　ルイ＝オーギュストは老朽化したジャ・ド・ブッファンを購入すると、すぐさま修繕に取り掛かった。そして息子に、いたんだ応接間を寝室兼居間として使うことを許し、改装が行われているあいだに、部屋を飾る4枚の壁画を描かせた。セザンヌは四季を寓意化した色彩鮮やかな絵と、新聞を読む父親の肖像画を描いた。その後、屋根裏にアトリエを構えたセザンヌは、数年かけて宗教画や別の肖像画も完成させている。そのころには、画家こそが自分の職業だと心に決め、法学の授業に出席しなくなっていた。地元の公立の美術学校で伝統的な絵画技法をある程度は身につけていたものの、セザンヌはほとんど人から学ぶことはなく、独自の手法を確立していた。初期の作品では、官能的で陰鬱なテーマが暗い色づかいと重々しい筆づかいで表現され、作品を見た人々に冷笑されることもよくあった。友人のエミール・ゾラが、画廊も多く、正式な展覧会であるサロンが毎年開かれ、最高水準の芸術学校があり、ほかの芸術家たちも大勢いるパリに行くようセザンヌを説得しはじめる。セザンヌは普段は孤独を好む人間だったが、1861年4月、フランスの首都に向かった。そして自由な校風で人気があった私立の画塾アカデミー・シュイスに入塾する。だがすぐに、パリでの生活は期待していたものとは違うことに気づく。近代化と復興によって引き起こされたパリの混乱は耐えがたく、アカデミー・シュイスの学生たちには南部訛りとぎこちない態度をからかわれた。幻滅し、落胆したセザンヌは、エクス＝アン＝プロヴァンスに戻り、地元の美術学校の午後のクラスに再入学し、日中はジャ・ド・ブッファンの穏やかな環境で絵を描いた。

上、P.46-47：エクス=アン=プロヴァンスにあるレ・ローヴのアトリエからの景色。
大きな窓の向こうに、オリーブとイチジクの木が見える。
別の窓からはサント・ヴィクトワール山を望めた。

　セザンヌは父とよく衝突したが、それにもかかわらず、実家に不思議なほどの愛着を抱いていた。広大な敷地を誇る贅沢な邸宅は、セザンヌの人生のなかで最も快適な居場所だった。それでも、さらなる努力を重ねる決意をしたセザンヌは、しばらくしてパリへ戻り、アカデミー・シュイスに再入学する。1863年のサロンに応募した2点の絵は落選したが、「落選展」に選出される。その年のサロンに落選した芸術家たちのために、ナポレオン3世の主導により開催された展覧会だった。学術的な慣習にとらわれない芸術作品が一般に公開されたのは、この落選展が初めてだった。以降、セザンヌの絵画の手法は変化していった。

新しいアトリエ
NEW STUDIO

　それからの数年間、セザンヌはパリで過ごすこともあったが、基本的にはエクス=アン=プロヴァンスに残っていた。1870年の夏、普仏戦争が勃発すると、セザンヌは「サント・ヴィクトワール山（Mont Sainte-Victoire）」の最初のバージョンとなる作品を創作する。徴兵されることを恐れてジャ・ド・ブッファンに隠れていたセザンヌだったが、憲兵が探しにきたため、マルセイユ近郊のエスタックに逃れ、戦争が終わるまで恋人のマリー=オルタンス・フィケとともにそこにとどまった。1872年1月に息子のポールが生まれると、セザンヌとオルタンスはパリ北西部の小さな村オーヴェル=シュル=オワーズに引っ越す。そこでカミーユ・ピサロと一緒に戸外制作の旅を繰り返した。ピサロの影響で、セザンヌは明るい色彩を使いはじめる。そして、目に

見えるものの裏にある真実の姿を追求し、隠された構造をとらえようと、点描を用いたパッチワークのような絵を描くようになった。

　1886年、セザンヌはオルタンスとエクス=アン=プロヴァンスで結婚し、14歳の息子を認知した。その年の後半、父のルイ=オーギュストが亡くなる。オルタンスは10代の息子ポールを連れてパリに戻り、セザンヌは母親とともにジャ・ド・ブッファンに残った。屋根裏のアトリエや敷地の内外で制作を続け、建物や土地、遠くにそびえるサント・ヴィクトワール山など、周囲の田舎の風景を描いた。1890年以降は、地元の農民たちをモデルにした絵を描きはじめる。周囲の環境を知りつくしたセザンヌは、表面的な見た目の奥にある要素に意識を集中することができたのだった。

　1897年、セザンヌの母親が亡くなる。すると義理の兄弟の一人が、地所を売りに出して、セザンヌと姉妹たちで遺産を分け合うべきだと主張した。これにより、40年間暮らした家であり、さまざまな作品にも描かれた、セザンヌの愛するジャ・ド・ブッファンは、1899年に売却され、売上金は3人の兄妹で分けられた。

　2年後の1901年、セザンヌは2000フランを支払い、ジャ・ド・ブッファンから見て村の反対側に位置するローヴの丘に、古い農場と7000平方メートル（7万5347平方フィート）の土地を購入する。オリーブとイチジクの木が生い茂り、すぐそばをヴェルドン運河が流れ、サント・ヴィクトワール山の個性的な景色が望める場所だった。セザンヌはアトリエとなる、簡素な2階建ての建物を設計した。それから10か月後、1902年にレ・ローヴは完成した。1階には二つの居間とキッチン、小さなパントリーと化粧室があった。上階はアトリエが占め、2面の大きな窓からは南日が、ガラス屋根からは北日が差し込む。雨の日や寒い季節には、セザンヌはそこで絵を描いた。果物や水差し、ボトル、花瓶、布、頭蓋骨や小さなしっくいのキューピッドなどの静物画を描くことが多かった。天気のいい日には、外で周囲の風景、とくにサント・ヴィクトワール山を描いた。

　どんな天気の日でも、セザンヌは毎日、朝早くに住まいのアパートを出て、アトリエまでの1.2キロ（0.7マイル）の道のりを歩いた。午前中を制作に当て、エクス=アン=プロヴァンスに戻り昼食をとる。午後にまたレ・ローヴに向かい、午後5時ごろまで作業を続けた。1906年10月のある日、嵐にあったセザンヌは倒れてずぶ濡れになった。意識不明の状態で家に運ばれたが、8日後に胸膜炎で亡くなった。

上、P.50：セザンヌのアトリエ内の様子と、描いた素材の一部。セザンヌの静物画でおなじみの物体が並んでいる。

「澄みわたった
　フランスの風景は、
　ラシーヌの詩のように清純だ」

ポール・セザンヌ

ARTISTS AT HOME

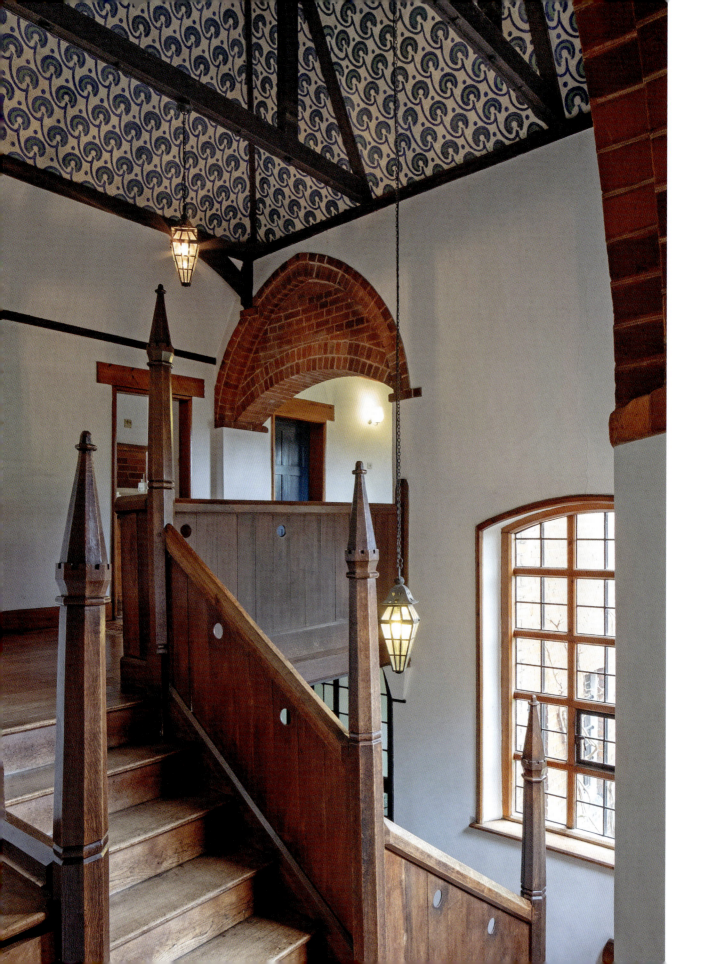

WILLIAM MORRIS

Bexleyheath, UK

ウィリアム・モリス
ベクスリーヒース（イギリス）

詩人で画家、デザイナー、タイポグラファー、論客、製造業者、社会主義者でもあったウィリアム・モリス（1834-96）は、1859年にジェーン・バーデンと結婚し、ロンドンから通勤圏内の郊外に家を建てることを決めた。そしてケント州アプトン村の近く（現在のベクスリーヒース）に、条件にぴったり合う土地を見つけた。

作家で哲学者、批評家のジョン・ラスキンから強い影響を受けたモリスは、産業革命が環境や社会におよぼした変化に失望した。工場で生産された安価な商品が、作り手とその商品を使用する人々の両方に悪影響を与えてしまったのであり、良いデザインがより良い社会をつくるのだと信じていた。

モリスは怒りっぽく、自分の意見を押し通し、周りにくってかかることもしばしばだったが、親しい友人に対しては思いやりのある人間だった。その職業倫理と他者への関心、自然に対する共感、そして数々の業績によって、モリスは19世紀末にイギリスから世界へと波及した「アーツ・アンド・クラフツ運動」の主導者となった。

遺産を利用して、モリスはアプトン村にリンゴ園と牧草地を購入し、建築家でデザイナーの友人フィリップ・ウェッブに家の設計を依頼する。家族の住居であり、友人たちとの会合や仕事の場とするつもりで、中世の芸術や文学へのあこがれを投影した理想の家をつくろうとした。モリスは工業化により人間性が失われたことに強く反発し、デザインは職人の手で、その技によって生み出されるべきだと訴えた。そうしてつくられたものは、大量生産され安く手に入る商品よりも優れていて、結果的に社会がより幸せになるのだと信じていたのだ。その信念に基づいて、モリスは自分の家の設計にも深くかかわり、モリス邸はアーツ・アンド・クラフツ運動初期の一例となった。

機能美
USEFUL AND BEAUTIFUL

モリスの家はL字形をした堂々たる風格の建物で、そそり立つ破風に、赤い瓦に覆われた急勾配の屋根という、中世やテューダー、ゴシックなどさまざまな建築様式の要素が組み合わされている。モリスの友人で芸術家のダンテ・ゲイブリエル・ロセッティは、モリスの家を「家というより詩だ」と述べている。

当時、流行の最先端とされたのはスタッコ（化粧しっくい）で覆われた家だったが、モリスの家は簡素な赤いレンガ造りで、「レッド・ハウス」という呼び名もそこからきている。同時代の家屋とは対照的に、自然光もふんだんに取り入れられている。窓の大きさや配置は、外観的な調和よりも、調光という目的と各部屋のデザインに応じて決められた。そのため、背の高い開き窓や寄棟の屋根窓（ドーマー）、出窓、サッシ窓や丸窓など、さまざまな種類の窓が混在しているが、こうした非対称的なデザインが親しみやすい雰囲気をかもし出している。1階には広間と食堂、図書室、日中用の居間、キッチンがあり、2階には居間、応接間、アトリエ、寝室があった。コックや家政婦、乳母、厩務員といった使用人も一緒に暮らし、それぞれ自分の部屋をもっていた。

1860年6月、家が完成すると、ウィリアムとジェーンのモリス夫妻は「レッド・ハウス」に移り、モリスは自分の理想美に見合う家具や内装を整える作業に取りかかった。ウェッブがテーブル化粧台、椅子、食器棚、銅の燭台、ガラス食器などをデザインし、ロセッティとその新妻である芸術家のエリザベス（リジー）・シダル、モリスの親しい友人だったエドワード・バーン=ジョーンズとその新妻で画家、彫刻家のジョージアナ・バーン=ジョーンズらもさまざまな装飾づくりに手を貸した。

壁や家具に絵を描き、天井にステンシルをほどこし、刺繍やタペストリー、ステンドグラスを制作している。中世のカンタベリーへの聖地巡礼への道を引き合いに、モリスは玄関ホールから勝手口へと続く通路を「巡礼者の休憩所（Pilgrim's Rest）」と呼んだ。家を取り囲む庭は、バラの格子垣で4つの小さな区画に分けられていた。そして敷地のそこかしこで、ラベンダーやローズマリー、ユリ、ヒマワリ、白いジャスミン、バラ、スイカズラ、トケイソウなどの花が咲き乱れていた。

それから5年にわたって、モリスと友人たちは家や庭に手を加え続けたが、すべてが完成することはなかった。階段の壁にはバーン＝ジョーンズによってトロイ戦争の場面を写した中世風の壁画が、その下の廊下の壁にはトロイへと向かうギリシャ兵たちを乗せた軍艦の絵が描かれる予定だった。廊下に置かれた戸棚には、モリス自らがトマス・マロリーの物語に登場するランスロットや、トリスタンとイズルデの物語の場面を描きはじめたが、これも完成しなかった。このとき、ジェーン、数学者のチャールズ・フォークナー（モリスの友人だった）、バーン＝ジョーンズとリジー・シダルが絵のモデルになっている。食堂にはジェーンとその妹ベッシーの手で、ジェフリー・チョーサーの『良き女性の伝説（The Legend of Good Women）』をもとにしたヒロインたちの刺繍が飾られる予定だったが、仕上がったのは数点だけだった。

光と笑い声
LIGHT AND LAUGHTER

光だけでなく、モリスの家は笑い声に包まれていた。バーン＝ジョーンズ夫妻にロセッティ夫妻、フォークナーとその二人の姉妹、ウェッブ、詩人で劇作家、小説家、評論家のアルジャーノン・チャールズ・スウィンバーン、芸術家のフォード・マドックス・ブラウン、技師でアマチュア芸術家のピーター・ポール・マーシャル、画家でイラストレーターのアーサー・ヒューズといったモリスの友人がひっきりなしに訪れた。家の装飾に取り組んでいないときは、みなで食事をし、酒を飲み、ゲームや悪ふざけに興じ、歌を歌い、演劇をした。モリスは突然、癲癇を起こすこともあったが（すぐにおさまるのだが）、優しく、ひじょうにもてなし好きの主人だった。

新居に引っ越してから、モリスとジェーンは二人の娘を授かった。ジェーン（ジェニー）・モリスとメアリー（メイ）・モリスは、のちにレッド・ハウスでの「牧歌的」な子供時代を回想している。モリスの結婚生活には問題もあり、ジェーンはロセッティと親密になり、リジーの死後、その関係はますます深まった。このことが、モリスのもとに集う仲間たちの関係も変えてしまう。だがそれが決定的になるまえ、友人としての結束力や芸術的な試み、発見に刺激を受け、モリスらは1861年、美術装飾の会社「モリス・マーシャル・フォークナー商会」を設立している。「ザ・ファーム（the Firm）」の愛称で呼ばれたこの会社は、モリス、マーシャル、フォークナー、ウェッブ、マドックス・ブラウン、バーン＝ジョーンズ、ロセッティが共同設立者であった。ロンドンのレッド・ライオン・スクエアに工房をもち、壁画、彫刻、ステンドグラス、金属細工、家具の制作を請け負った。モリスらは、何もかもを大量生産するのではなく、職人がその技で一つ一つデザインすることの重要性を主張した。さらにモリスは、値段の手軽さと反エリート主義という哲学も追及しようとした。これをふまえ、新たなスタッフを探すにあたり、ロンドン中心部にあった「貧困少年のための実業工芸院（Industrial Home for Destitute Boys）」から少年たちを雇い入れている。だが、ザ・ファームは大きな収益を上げることができなかった。貧しい人々にも手に入りやすいものを、という理想は実現できず、モリスは増え続ける財政負担に直面した。

経済的な制約を軽減するため、そして友情の表れとして、モリスとバーン＝ジョーンズはレッド・ハウスに別棟を建てようと計画する。二つの家族が身を寄せ合うことで、楽しく暮らせるだろうと考えたのだ。だが、ジョージアナが猩紅熱にかかり、二人目の子供を流産してしまうと、バーン＝ジョーンズは計画をあきらめた。モリスはレッド・ハウスで残りの人生を過ごすつもりだったが、家を維持するには単純に金がかかりすぎると悟る。暮らしはじめてからわずか5年後の1865年、モリスはブルームズベリーのクイーン・スクエアにあるアパートに家族とともに引っ越し、レッド・ハウスを売却した。

P.54-55：「レッド・ハウス」という名の由来となった、簡素な赤レンガ造りの家の外観。
上：レッド・ハウスの存在感あふれる木造階段。柵に開けられた小さな銃眼と、手すりの尖塔は、ウェッブのネオ・ゴシック様式へのこだわりを表している。
P.57：レッド・ハウスの応接間に置かれた長椅子を横から見た景色。

「役に立たないもの、美しいと思わないものを、家の中に置いてはならない」

ウィリアム・モリス

上：玄関ホールは、家の入口が明るく広々として見えるよう設計されている。
P.58：食堂のテーブルと食器棚。
P.60-61：レッド・ハウスの廊下に置かれた棚付きの長椅子の拡大写真。
ウィリアム・モリスによって絵付けがされている。

AUGUSTE RODIN

Meudon, France

オーギュスト・ロダン
ムードン（フランス）

パリから列車で20分ほど南西に向かうと、セーヌ川南岸の丘に、彫刻家オーギュスト・ロダン（1840-1917）が人生最後の20年を過ごした町ムードンがある。1895年、55歳のロダンは、ヴィラ・デ・ブリアンと呼ばれていた、簡素で背が高く、レンガと石でできたルイ13世様式の城を購入する。

パリ中心部からわずか9キロ（6マイル足らず）に位置するヴィラ・デ・ブリアンは、周囲を庭に囲まれ、穏やかな環境に魅了されたロダンはそこにアトリエも建てた。以降、ロダンは長年のパートナーであるローズ・ブーレとムードンで暮らし、作品のほとんどをそこで制作している。

ロダンはパリの貧しい労働者階級の家に生まれ、青年期以降はほとんど独学で学んだ。幼いころより真剣に絵に取り組み、早くに芸術の才能を開花させたが、パリの名門校エコール・デ・ボザールには3度にわたって入学を拒否される。以後20年、ロダンはさまざまな工房で仕事をし、主に置物や建物の装飾を制作する職人として生計を立てていた。1877年、ようやく最初の作品となる『青銅時代（The Age of Bronze）』を完成させる。あまりに真に迫っていたため、生身の人間から型を取ったのではないかと非難を受けるが、この疑いはのちに晴れている。当時流行していた、流麗で古典的な神や女神の彫像とは真逆をいく、温かみや動き、感情を伝える写実的なロダンの像は、しだいに世に知られるようになっていく。やがて、ロダンの自然なポーズを取る実物そっくりの像は、ミケランジェロの作品とも比較され、いまも近代彫刻の父と称されることがある。苦労に苦労を重ねたのち、1900年には名声を確立し、芸術でかなりの収入を得るようになっていた。高報酬の依頼が次々と入り、ロダンが創作に取り組んでいるあいだ、多くの弟子たちが、人気のあったロダンの作品の複製を製造していた。当時、ロダンはアトリエ助手や学生など50人近くを雇っていた。パリのアトリエにもよく足を運んだが、主要な作品のほとんどはムードンで制作していた。

「働け、つねに働け」
'WORK, ALWAYS WORK'

1905年から1906年にかけて、オーストリアの詩人、小説家のライナー・マリア・リルケがロダンの秘書となり、ロダンや彼の作品にまつわるエッセイを書いた。ヴィラ・デ・ブリアンで暮らしていたリルケは、そのことを妻への手紙にこう書いている。「広々としたホールには光が満ちあふれ、白く輝く彫刻たちが、背の高いガラス戸の向こうから、水槽の中の生き物のようにこちらをのぞき込んでくる。ものすごい迫力だ。壮大で、強烈な印象を与える」

当初、ロダンは敷地を自然のおもむくままにしておいた。小道や庭は草木が伸び放題で、家には家具がほとんどなかった。ガスも電気も通っておらず、カーテンなど布地の装飾品もなく（硬い椅子と、架台の上に天板を置いたテーブルがあるだけだった）、壁に絵の1枚も飾られていなかった。唯一ロダンが飾ったのが、テラコッタの鉢やエトルリアの工芸品、古代ギリシャの人物像など、6000点を超えるアンティークのコレクションだった。ロダンの家には多くの客が訪れたが、そのうちの一人が、ロダンの家は「生活という行為そのものが、ロダンにとってはほとんど何の意味もなさないのではないかという印象を与える」と語っている。ロダンはリルケによく「働け、つねに働け」と言っていた。実のところ、ロダンは日々の時間のほとんどを仕事に費やしていた。ロダンの彫刻は、衝動的でいかにも自然に見えるが、実際には多大な努力によって生み出されていた。ロダンはまず、ラフ

上：書類に目を通すロダン。1912年撮影。
P.65：ムードンの、ロダンのアトリエ（現在は美術館）。

な人体デッサンを数枚描き、モデルのさまざまなポーズをさまざまな角度から記録した。そして彫像を制作するため、粘土を思い描いた形に成形し、そこから型を取る。最後に、複数のバージョンを制作するために、オリジナルの像から数個の型を製造した。のちにブロンズ像も鋳造できるよう、ロダンは大理石の彫像から石こう像も制作し、鋳造には失ろう法あるいは砂型鋳造を用いた。当初はすべての工程を自分だけで手がけていたが、後年、芸術家として成功すると、受注が大幅に増え、ロダンの指示のもと、助手や学生たちが作業の多くを請け負った。

敷地の拡張
EXTENDING THE PLOT

1890年代を通して、ロダンは鬱病に苦しみ、仕事ができなくなることも多かったが、1900年には世界で最も報酬の高い芸術家となった。その年にパリで開かれた万国博覧会では、ロダンは支援者から集めた資金でアルマ広場にパビリオンを建設し、自身の150点を超える彫像やデッサンを展示した。ロダンのパビリオンは大観衆を集め、ヨーロッパ各国やアメリカなどから仕事の依頼が舞い込んだ。博覧会閉会後の1901年3月に、ロダンはパビリオンを解体し、ムードンの敷地に再現した。

経済的に豊かになったロダンは、ヴィラ・デ・ブリアンに改良を加えていった。電気を引き、大勢の助手たちのために、新たな工房や住まいを建設した。当時、40人以上の助手や友人たちがそこで暮らしていたという。近隣の土地も購入し、1907年から1910年にかけて、ロダンはイッシー城のファサードの一部を買い取り、再建している。この城はパリの外れにあったフランスのバロック様式の小城で、1871年、普仏戦争のさなかに焼け落ちていた。ロダンは買い取ったものを家の庭に建て直したが、まるで古代遺跡のようだった。ローズの負担を軽くしようと、雑用係のジャンと料理人のマドレーヌも雇い入れた。それでもローズは、馬のモカ、キノラ、ラタブランに、犬のドーラとルル、2頭の牛（1頭はコケットと名づけられていた）、鶏、ハクチョウ、

グエノン（サルの一種）など、飼っていた動物たちの世話を続けた。

　成功を収めたロダンだったが、かなり控えめな生活を続け、人との交流よりも9時には床につくほうを好み、高価な食事や持ち物にも興味がなかった。ほとんど毎朝7時に起き、フルーツとコーヒーの軽い朝食をとると、工房に向かい仕事をした。外出する日の朝は午前5時に起き、列車や馬車に乗ってヴェルサイユなどに向かい、そこでローズやリルケ、別の個人秘書や友人と散歩をすることもあった。そのほかの日は、ムードンの大きな池のそばに静かに腰を下ろし、白鳥を眺めて過ごした。

　ロダンの名声が高まると、フランスだけでなく、アメリカやドイツ、オーストリア、イギリスなど世界中から胸像の制作依頼が舞い込んできた。特にイギリスで歓迎され、多くの友人をつくった。1902年、オックスフォード大学から名誉博士号を授与され、その祝いの晩餐会で、ロダンは学生たちに担がれて登場した。多くの著名人たちがムードンを訪れ、イギリス国王エドワード7世もその一人だった。

> 「つまり、
> 美はあらゆるところにある。
> それが我々の眼前に
> 欠けているからではなく、
> 我々の眼が
> それを認め得ないだけだ」
>
> オーギュスト・ロダン

上：ロダン邸のくすんだ緑色の食堂には、アレクサンドル・ファルギエールの大きな絵が飾られ、テーブルには小さな大理石の像が置かれている。
P.68-69：ヴィラ・デ・ブリアンは現在、ロダンの作品を展示した美術館になっている。

CLAUDE MONET

Giverny, France

クロード・モネ

ジヴェルニー（フランス）

フランス印象派の主導者であるクロード・モネ（1840-1926）は、人生のちょうど半分をジヴェルニーの家で暮らし、制作を行った。ジヴェルニーはパリから80キロ（50マイル）ほどの場所に位置する村で、モネはそこで過ごした43年のあいだに、いくつもの傑作を生みだしている。

モネは中産階級の家に生まれ育ったが、人生の大半を貧困のうちに送った。何年も絵はほとんど売れなかった。25歳のときカミーユ・ドンシューと出会い、カミーユはモネのモデル、そして恋人となった。長男ジャンの誕生から3年後の1870年、モネとカミーユは結婚する。経済的には苦しいままだったが、1874年、裕福な百貨店主エルネスト・オシュデがモネの作品を購入し、制作を依頼するようになる。モネとオシュデは家族ぐるみの付き合いとなり、モネ一家はオシュデの大きな邸宅に移り、エルネスト、その妻アリスと6人の子供たちと一緒に暮らした。

だが1877年、エルネストは破産する。家は売られ、エルネストはアリスや子供たちを残して去った。モネは自分の家族とオシュデ一家の両方を養うことを決意し、一同はヴェトゥイユの村に引っ越した。カミーユは次男ミシェルを産むが、健康状態がかなり悪化し、アリスがカミーユの看病と両家の子供たちの世話をしていた。1879年、カミーユが亡くなると、アリスは子供たちの世話と家庭の切り盛りを続け、モネは大家族を経済的に支えようと必死になった。

モネたちは、ヴェトゥイユから、パリのはずれの小さな工業都市ポワシーに移るが、妻を亡くした男が結婚もしていない女と堂々と一緒に暮らしていることに、世間は冷たい目を向けた。当時、モネとアリスの間柄は恋愛関係へと発展していたが、モネの収入はわずかで、エルネストがまだパリで暮らしているとなると、どうすることもできないのだった。

ジヴェルニーへと移る
MOVING TO GIVERNY

1883年、モネとアリス、子供たちはポワシーの家を引き払った。モネはフランス北部ウール県の、セーヌ川とエプト川が交わるあたりに位置するジヴェルニーに家を見つけ、画商ポール・デュラン＝リュエルに資金を用立ててもらい、家を借りた。この家には、牧草地や鉄道、エプト川の細い支流リュ川に囲まれた庭もついていた。当時、ジヴェルニーの住人はわずか279人で、モネはその穏やかな雰囲気や、降り注ぐ光、野原を縁取るポプラ並木、近くを流れる川が大いに気に入った。家は、薄ピンク色に塗られた長くシンプルなファサードと、グレーの鎧戸、スレート屋根の質素な家で、片側の壁に並ぶ窓は小さな果樹園に面していた。

ジヴェルニーに引っ越して1年のうちに、モネは家の西側の納屋をアトリエに変えた。むき出しの地面に板の床が敷かれ、壁面には大きな窓が開いていて、庭が見わたせた。カンヴァスを置く十分なスペースと、ゆったりと腰を下ろせる椅子も揃い、アトリエは憩いの場にもなった。モネはアトリエ舟を近くに係留し、一年を通して花々を描けるよう、庭づくりも始めた。

1890年代、モネは友人たちをよくアトリエでもてなした。訪れたのは、ギ・ド・モーパッサンやステファヌ・マラルメ、メアリー・カサット、ポール・セザンヌ、オクターヴ・ミルボー、さらには1906年から1909年、1917年から1920年の2度、フランスの首相を務めたジョルジュ・クレマンソーといった、芸術家や作家、知識人や政治家たちだった。

上：色づかいの達人であったモネは、当時流行していた暗い色調の内装とは打って変わって、大きな居間（サロン）をコバルトブルーとライトブルーでまとめている。
P.73：キッチンの色鮮やかな模様のタイル。

上:明るい黄色でまとめた食堂。モネはコレクションしていた日本の木版画を飾った。床も赤と白という鮮やかな色になっている。
P.76-77:食堂に隣接する青いキッチン。

輝く色づかい
BRILLIANT PALETTE

　1880年代の終わりごろには、モネの作品は売れるようになっていた。デュラン゠リュエルが約300点の作品をアメリカに運ぶと、絵を目にした人々が好意的に受け入れ、それをきっかけに、フランス人もモネの作品を買いはじめたのである。エルネスト・オシュデが亡くなり、1892年にモネとアリスは結婚した。

　モネは客たちに家の中や敷地を見せて回るのが好きだった。モネは何年もかけて家を改装していた。庭から両開きの扉をくぐると、そこは小ぢんまりとした中央ホールで、いくつかの部屋とつながり、その奥に階段がある。階段を上がると2階には娘たちの寝室が、屋根裏には息子たちの寝室がある。モネはキッチンを拡張し、近代化した。色づかいの達人らしく、当時人気だった重苦しい雰囲気の装飾を避け、職人を雇って、地元の材料を使ったシンプルな家具を作らせた。壁を明るい色で塗り、家具も同じ色か色調でまとめている。家の外壁は濃いサーモンピンク、鎧戸は鮮やかなヴェロネーゼ・グリーンで塗った。廊下の色には淡い緑と青を選んだ。キッチンは明るい青と黄色で彩られ、壁には青と白のルーアンのタイルが張られ、銅のポットや調理器具が並ぶ。ベランダに面した二つの窓と、もう一つ別に、貯蔵庫へと続くドアがあった。食堂は明るい黄色に塗られ、壁をモネの日本画のコレクションが飾る。美術評論家のギュスターヴ・ジェフロワはこう回想している。「簡素な家だが、中は装飾がふんだんにほどこされ、食べ物がたっぷりと並ぶテーブルを囲んで座っていると、大きな喜びに包まれるのだった」

　表玄関とエピスリー（淡い緑色でまとめた貯蔵室）のあいだには、ペールブルーとコバルトブルーに塗られた「ブルー・サロン」があり、フランス窓からベランダに出ることができた。そこでモネとアリス、子供たちが集い、読書や縫物をし、カードゲームや音楽に興じた。エピスリーから別の階段を上がると、モネとアリスの寝室があった。

　1890年、モネはこの家を買い上げ、望み通りの家になるよう改築を続けた。1890年代の後半には、モネは庭の北西側に大きなアトリ

上：モネにとって、庭は外界からの避難所だった。
大きな睡蓮の池は、造園家ジョゼフ・ボリー・ラトゥール＝マルリアックがパリの万国博覧会に出展していた水の庭を目にし、思いついたものかもしれない。
ラトゥール＝マルリアックは、色鮮やかな耐寒性睡蓮の品種改良に初めて成功した人物である。
P.79：モネは一年を通して花々を描くことができるよう、庭を綿密にデザインした。

エを建てている。天窓のある広々としたアトリエで、写真現像用の暗室に、居間が数部屋と、そのころにはかなり大きくなっていた子供たちの寝室も備えていた。モネとアリスはドライブに夢中になり、モネは車庫も建てている。相当な額の収入を得ていたモネは、1914年から1916年のあいだに、庭の北東側に三つ目のアトリエを建てた。鉄格子とコンクリート、ガラスでできた大きな建物だった。そのころにはアリスが亡くなっていて、第一次世界大戦が勃発し、モネは白内障を患っていた。悲しみに打ちひしがれ、家にいても聞こえてくる戦争の騒音に悩まされていたモネは、かつてない大規模な作品の制作に乗り出す。水の庭を描いた巨大なパノラマ画『睡蓮の大装飾画（Grandes Décorations des Nymphéas）』である。

庭
THE GARDEN

ジヴェルニーに暮らしているあいだ、モネにとって最大のインスピレーションの源となったのは、庭であった。最初は子供たちの手を借りながら、自ら庭づくりに取り組んでいた。だが1890年には、裕福になったモネは6人の庭師を雇い入れ、温室も2棟建てている。画家の視点で、モネは植える花々を選んだ。歩道やトレリスをデザインし、つねに望みどおりの色の組み合わせが目にできるよう、どの花をどの時期に咲かせるかということまで考えた。通りすがりの人々の目も楽しませられるように、庭は低い壁と手すりで囲った。モネは毎日、植え付けの正確なデザインやレイアウトを記した庭師への指示を書いていた。

1893年、花園との境にある線路をまたぐ土地を、さらに購入する。リュ川に接した土地で、それから8年後、モネは自治体の許可を得て水の流れを変え、池を拡張してさらに広大な水の庭をつくる。周囲をしだれ柳やポプラ、ユリ、ツツジ、シャクナゲ、バラで囲み、緑色の日本風の橋を池に渡して、その上に白と淡い紫色の藤を這わせた。モネはこの庭で『睡蓮の大装飾画』を描いた。モネが残りの人生を捧げたその作品は、フランス国家に遺贈された。

「私は恍惚のなかにいる。
ジヴェルニーは私にとって
最高の場所だ」

クロード・モネ
（テオドール・デュレに宛てた手紙）

JAMES
ENSOR

Ostend, Belgium

ジェームズ・アンソール
オーステンデ（ベルギー）

　イギリス人の父とベルギー人の母のもとベルギーに生まれた、芸術家ジェームズ・アンソール（1860-1949）は、1915年、叔父のレオポルド・ジャン・ヘーゲマンから家を相続した。アンソールの家族は、かつて家の1階で貝殻や土産物を売る小さな店を営んでいた。アンソールはこの家で暮らしているあいだ、店をそのまま残していたが、ふたたび開くことはなかった。

　伝統的な絵画技法を学んでいたものの、芸術家としての人生を通じて、ジェームズ・アンソールはどこかひねくれた独自の世界観を表現した、型破りな絵を描き続けた。家族の店が海辺やカーニバル、祭り、パーティーにまつわる土産物や珍品を売っていたせいか、アンソールはとくに仮面やグロテスクなものに強い興味を抱き、社会の裏側で見出した真実を表現する手段として、それらを作品の題材にすることもよくあった。最初、アンソールの作品は人々に嫌悪され、嘲笑されることすらあったが、最終的にはベルギーで最も報酬の高い芸術家となり、アンソールの思想は、印象派やシュルレアリスムに大きな影響を与えた。

評価の変化
CHANGING OPINIONS

　ベルギーの観光都市オーステンデで、ジェームズ・アンソールの両親や叔母、叔父は、アンソールの祖父母から受け継いだ店で、カーニバルの記念品や海辺にちなんだ小物を商っていた。学生時代のアンソールは勉強が嫌いで、関心をもてる教科もほとんどなく、15歳で学校に通うのをやめてしまう。そのころには絵画の才能を示していたアンソールは、地元の二人の水彩画家のもとで絵を学びはじめる。

それからまもなくしてブリュッセル王立美術アカデミーに入学するが、しばらくするとアカデミーで教えられた伝統的な教育に背を向けるようになり、自分なりの絵画の表現方法を模索し、アカデミーを「近視の連中が集まる学校」と呼んだ。それでも、アカデミーで学んでいるあいだに、フェルナン・クノップフやテオ・ファン・レイセルベルヘら同じ考えをもつ仲間たちと親しくなり、彼らとともに、画家や彫刻家、デザイナーからなる芸術グループを結成する。独立して自由に活動することを目的とし、自分たちのことを「20人展（レヴァン）」と呼んだ。時流から外れた作品の展覧会を主催し、芸術の未来への信念を記事に書き、スーラやピカソ、ルノワール、フィンセント・ファン・ゴッホら海外の革新的な芸術家を招待して、ともに作品を展示した。1884年に第1回の展覧会が開催され、アンソールは6点の作品を出展したが、批評家には酷評された。

　1880年から1917年にかけて、アンソールは両親の家の屋根裏に構えたアトリエで制作を行い、ほとんどオーステンデを離れなかった。生涯のなかでもほんの短い期間、フランスやオランダ、ロンドンを訪れただけだった。約5年間、アンソールは室内装飾や自画像、静物画といった、いたって日常的な題材に取り組んだ。のちに「暗色の時代」として知られる時期である。その後の15年間は、カーニバルや仮面と関連するものを描くようになる。だがアンソールの作品は20人展のほかのメンバーに認められず、さすがに奇抜すぎるとして、彼らはアンソールの展覧会への出展を拒否し、作品を冷笑するようになった。母親や叔母でさえ、アンソールの芸術を批判していた。落ち込んだアンソールはブリュッセルに引っ越し、地域の知識人や芸術家、自由思想家たちと親交を深めた。彼らはアンソールを勇気づけ、創作意欲を刺激した。地元誌にアンソールの作品を称賛する評論を

書き、新たな、そして肯定的な評価が集まりはじめる。

　アンソールはしだいに受け入れられ、認められるようになり、1901年、ベルギー自由アカデミーの創立メンバーとなった。1903年にはレオポルド勲章のシュヴァリエ章を授与される。名声は高まる一方だったが、アンソール自身は情熱を失っていき、鬱状態に陥り、意気消沈してしまう。そして、のちに「澄明の時代」と呼ばれる、人生の最期まで続く時代の作品に取り組んでいく。この時期の作品は鮮やかな色彩を用い、曖昧で大まかな筆づかいで描かれていた。アンソールは名だたる賞や栄誉を次々と受け、1929年にはベルギーのアルベール1世より男爵に叙せられ、1933年にはレジオン・ドヌール勲章も授与されている。ベルギーの彫刻家エドモン・ド・ヴァレリオラはアンソールの胸像をつくり、ベルギーの作曲家フロール・アルパールツによってアンソールに捧げる音楽も作曲された。アンソールは引きこもりがちでほとんど表には出なかったが、そうしているあいだも彼の作品には、同じ時代のどのベルギー人芸術家の作品よりも高い値がついていた。

　アンソールは28歳のとき、オーステンデのホテル経営者の娘で、当時18歳だったアウフスタ・ボーハルツと出会う。アンソール家の土産物店で働いていたアウフスタはアンソールの最も親しい友人となり、それはアンソールが亡くなるまで続いた。アンソールと一緒に暮らすことはなかったが、アウフスタはアンソールにとって、母親と女きょうだい以外に親密になった唯一の女性だった。アンソールはアウフスタを「ラ・シレーヌ（人魚）」の愛称で呼んでいた。どちらの家族も二人の仲に反対し、関係を終わらせようと、家族はアウフスタをイギリスの学校にやっている。のちの人生で、アウフスタは家庭教師の仕事をするためアンソールのもとを離れることも多かったが、二人の関係は変わらなかった。成功したが憂鬱で無気力になったアンソールに寄り添い、有能な仕事上のマネージャーとなった。モデルを手配し、創作のための被写体を探すのを手伝った。アトリエの在庫を管理し、アンソール作品の銅版画の印刷を取り仕切り、さらには作品の売り込みも行っていた。

上：アンソールの青い居間（ブルー・サロン）の暖炉。
P.87：張り子の仮面など、アンソールの家にある珍品の数々。

相続
INHERITANCE

　1915年にアンソールは、海沿いの遊歩道に交わるようにして建つ、フランドル通りの細長いタウンハウスを叔父から相続した。その2年後、道向かいの両親の家を出てタウンハウスに引っ越し、1949年に亡くなるまでの32年間、そこで暮らし、仕事をした。1865年に建てられた家は、引っ越し当初はさまざまな修繕が必要だったが、アンソールはこの家をとても大切にし、几帳面に整え、第二次世界大戦のさなかにも、変わらぬ姿をとどめておこうとした。部屋が10室と屋根裏、貯蔵室を備えた家で、寝室4つ(あるいは5つ)に応接間——豪華な模様のカーペットと壁紙で飾られ、アップライトピアノ、シャンデリア、さまざまな置物や装飾品であふれていた——と、アンソールがアトリエにし、人生最後の約30年間、ほとんどの時間を過ごした「ブルー・サロン」で構成されていた。浴室はなかった。1階は店舗で、居室は2階と3階にあった。アンソールは、忠実な従者のアウフスト・ファン・イペル(フスチェと呼んでいた)、その長年の恋人で小間使いのエルネスティーヌ・モレと暮らした。この二人は1915年からアンソールのもとで働きはじめ、とても親しい間柄となった。フスチェはよくアンソールの長い散歩に付き添い、アンソールは二人が死ぬまでこの家で暮らせるよう遺言を残している。

　アンソールは叔父や叔母、両親が営んでいた1階の土産物店を、在りし日のままにとどめておいた。大小さまざまな木箱には、貝殻やおもちゃの舟、ニスを塗ったエビやカニの殻、人魚の人形、それからオーステンデの春のカーニバルの時期にはよく売れた、派手な張り子の仮面などの雑貨が詰まっていた。アンソールは自分のことを、ルミニズムやフォーヴィスム、キュビスム、表現主義、未来派、シュルレアリスムなど、さまざまな芸術運動の先駆者だと言っていた。音楽作品を手掛けることもあった。1911年のバレエ劇『ラ・ガム・ダムール(La Gamme d' Amour)(ラブソング)』の台本もその一つである。アンソールは背景や衣装もデザインし、同じ題名の絵画も描いている。さまざまな興味と才能をもっていたアンソールは、多くの友人を魅了し、芸術家や画商、知識人、音楽家、貴族、さらにはベルギー国王アルベールといった人々が、アンソールの家をひっきりなしに訪れていた。

「我々の家で、聞こえてくるのはうめき声だけだ」

ジェームズ・アンソール

ARTISTS AT HOME

PIERRE-AUGUSTE RENOIR

Essoyes, France

ピエール=オーギュスト・ルノワール

エソワ（フランス）

　印象派の創始者の一人であるピエール=オーギュスト・ルノワール（1841-1919）は、1896年から1907年にかけて、フランス中北部シャンパーニュ地方の小村エソワに暮らした。パリから190キロ（118マイル）ほど南東にあるエソワは、セーヌ川の支流であるウルス川の川岸にひっそりとたたずむ村で、トロワから南に50キロ（31マイル）足らずの場所だった。

　成人してからの人生で、ルノワールはフランス北部を中心にさまざまな家を借り、友人とともに暮らすこともあったが、自分の家をなかなかもたなかった。妻アリーヌ・ヴィクトリーヌ・シャリゴはエソワの生まれで、穏やかな雰囲気が気に入るだろうと、エソワへの引っ越しを長いこと夫に勧めていた。ルノワールよりも20歳近く年下だったアリーヌは、『舟遊びをする人々の昼食（Le Déjeuner des Canotiers）』（1881）など、いくつかの作品のモデルになっている。1890年に結婚したときには、二人の間にはすでに息子ピエールがいた。その後、ジャンとクロードの二人の息子が生まれている。

　1888年の夏、アリーヌに熱心に誘われたルノワールは、エソワに初めて滞在し、たちまち好きになった。エソワの何もかもが魅力的だった。ウルス川に影を落とす木々、牧草地、ブドウ園、森、若い洗濯女たちが働く狭い裏路地（Chemin des Laveuses）……。ルノワールはエソワでの穏やかでゆったりとした生活や、地ワイン、果物、パンやバターを大いに気に入った。エソワの人々も、ルノワールのことを少々変わった人間だと思いつつも、好意を抱いた。ルノワールは、パリの金がかかるモデルから離れて、川岸にいる洗濯女たちを描いているほうが楽しい、と友人への手紙で語っている。ルノワールとアリーヌ、3歳の息子ピエールは秋にエソワに戻ってきて、数週間を過ごしている。

　1888年に初めてエソワを訪れてから、ルノワール一家は夏か秋をそこで過ごすようになった。ほかの印象派の芸術家たちと違って、1870年初頭の印象派の草創期から、ルノワールは芸術でいくらかの稼ぎを得ていたが、それでも60代になるまで収入は満足ではなかった。1880年代の後半には、質素ながらも家族を養えるようになり、1895年の12月、エソワに家を借り、翌年、その家を購入した。

エソワでの暮らし
LIFE IN ESSOYES

　1895年から、エソワの飾り気のない石造りの家がルノワールの家となった。主に夏を過ごす場所で、クロードが生まれてから、3人の息子たちは毎年、エソワで夏を楽しんだ。家に引っ越した翌年、ルノワールとアリーヌは、地元の娘で遠い親戚のガブリエル・ルナールを、ジャンとクロードの乳母として雇った。息子たちが成長すると、ガブリエルは家政婦としてルノワール家に残り、ルノワールは何度もガブリエルを絵のモデルにしている。当初、上階の居間がルノワールの作業場も兼ねていて、家に引っ越してから10年間は、イーゼルやカンヴァス、モデルの衣装などと、子供たちのおもちゃや家族の持ち物などがついたてで仕切られているだけだった。1902年、ルノワールは隣家と統合することで家を拡張し、1906年、庭の隅にアトリエを建て、家庭生活の賑やかさと離れる場所ができた。そこでルノワールは絵を描き、彫刻家のルイ・フェルナン・モレルの手を借りて彫刻も手掛けた。家に話を戻すと、3階の屋根裏には息子や使用人たちの寝室があり、その下の階に、磨き上げた木のベッドが置かれたルノワールの寝室が、その隣にはピンクの壁紙で飾られたアリーヌの寝室があった。階下の広々としたキッチンには、一家が囲む大きな木のテーブルと木の食器棚、タイル張りの囲いがついた大きなコンロが設えられていた。アリーヌは家族やたくさんの訪問客たちに料理をつくるのが好きで、ピクニックもよく催し、ルノワールもそれを絵に描いている。庭にはブドウ園があり、アリーヌと庭師のクレモンは果物や野菜、花を育てた。ルノワールが果物を絵に描き、アリーヌがそれでパイを作ることもあった。

上：上階の居間。庭に専用のアトリエを建てるまで、ルノワールの作業場と部屋のほかの部分は、ついたて1枚で仕切られているだけだった。
P.93：エソワの石造りの家の外観。
P.94-95：家族の食卓だった木のダイニングテーブルが置かれたキッチン。

　子煩悩な父親であったルノワールは、子供たちにとってそのほうがいいからと、ランプには獣脂ではなく蝋燭だけを使っていた。火事を恐れて、家の中には緩慢燃焼のストーブしか置かず、芸術活動の旅に出ていないときは、毎晩息子たちを寝かしつけた。ひじょうに社交的な性格で、ギュスターヴ・カイユボット（発作で45歳で亡くなった）の一家、画商のポール・デュラン=リュエルやアンブロワーズ・ヴォラール、モネ、ロダン、アルベール・アンドレら友人たちを、たびたび家に招いていた。30歳近く年が離れていたが、1894年のアンデパンダン展（独立派展）で出会って以来、ルノワールとアンドレはよき友人同士であった。友人たちはみな家族を連れてやって来て、ルノワールは小さな村を喜んで案内して回った。
　1897年、9月の雨の日に自転車に乗っていたルノワールは、水たまりで滑って積み石にぶつかり、右腕を骨折する。17年前にも同じ腕を骨折し、そのときに左手でも筆をもつ訓練をしたおかげで、ルノワールにとって都合のいいことに、両方の手で絵が描けるようになっていた。だがこの事故が、1890年代の初めから患っていた関節リウマチを悪化させてしまう。ルノワールは、腕にギプスをはめているあいだも、家で絵を教えていた。ベルト・モリゾとウジェーヌ・マネの娘ジュリー・マネや、ジュリーの従妹で孤児のジャンヌ・ゴビヤールとポール・ゴビヤール、ルノワールのかかりつけ医の娘ジャンヌ・ボドーらが、ルノワールの教えを受けていた。

南への転居
MOVE TO THE SOUTH

　50代後半になり、関節リウマチのせいで生活に支障をきたすようになったルノワールは、1898年、南フランスの乾燥して温かい気候が、痛みと衰弱をともなう症状を和らげてくれるのではと考えた。そこで見つけたのが、フランス南東部の地中海に面した海辺の町カーニュ=シュル=メールだった。丘に囲まれた、アンティーブとニースのあいだの弧を描く入り江に位置する町で、その一部であるオー=ド=カーニュは海抜90メートル（295フィート）にあり、遠くに輝く青い海が見わたせ、アンティーブ岬の息をのむような景色も目にできた。1899年の初め、ルノワールは治療のためふたたびこの地を旅している。そのときは、ジャンヌ・ボドーが付き添っていた。ジャンヌは治療中のルノワールと2週間一緒に滞在し、家に帰ったが、ルノワールは5月までとどまった。その数年後の1907年、ルノワールは家族とともにカーニュ=シュル=メールのレ・コレットに引っ越した。バルコニー付きの農家で、オリーブとオレンジの木立に囲まれていた。ルノワール一家は、1911年以降、夏の数か月はパリのアパートで生活し、冬になると毎年レ・コレットに戻っていた。

「周りでわき起こる人生の興奮を感じていたいのだ」

ピエール=オーギュスト・ルノワール

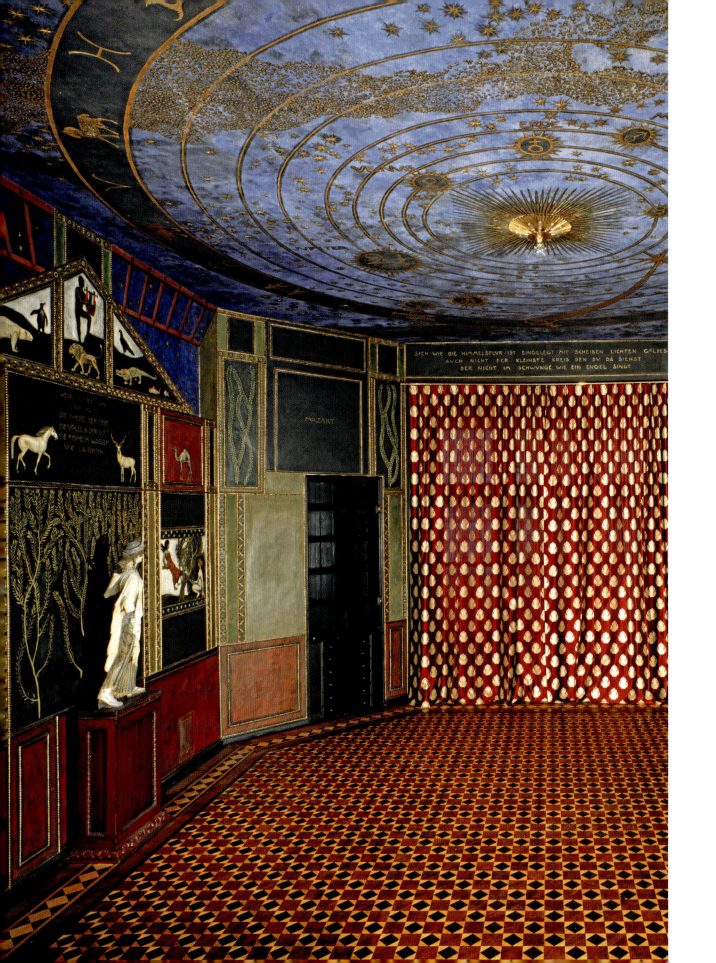

FRANZ VON STUCK

Munich, Germany

フランツ・フォン・シュトゥック
ミュンヘン（ドイツ）

　フランツ・フォン・シュトゥック（1863-1928）は、アメリカ人のメアリー・リントパイントナーと1897年に結婚してすぐに、新居兼アトリエとなる宮殿のような邸宅を設計した。「ヴィラ・シュトゥック」は、古典主義やアール・ヌーヴォーなど、さまざまな要素を取り入れた独創的で折衷的な建物になった。

　画家で彫刻家、版画家、建築家のフランツ・シュトゥックは、バイエルンの村テッテンヴァイスの粉屋の息子として生まれ、のちに、神話を題材にした官能的でしなやかなアール・ヌーヴォー、象徴主義的な画風で有名になった。40代前半でバイエルン王冠勲章を授与され、それ以降はフランツ・リッター・フォン・シュトゥックとして知られた。

　幼少時に絵画の才能を開花させたシュトゥックは、芸術で身を立てたいと心に決めていた。10代でミュンヘンに移ったが、当時はウィーンやベルリンよりも、多くの芸術家たちがミュンヘンに暮らしていた。最初、シュトゥックは美術工芸学校で学び、1881年から1885年のあいだ、絵画を学ぶためミュンヘン美術院に通った。そして、『フリーゲンデ・ブレッター（Fliegende Blätter）』（1845年から1944年にかけてミュンヘンで発行されていた風刺週刊誌）の風刺画家としてキャリアをスタートする。パンフレットや本のイラスト、デザインも手がけていた。1889年、年次展であるミュンヘン・ガラス宮展に作品を初出品し、記念碑的作品となる『楽園の守護者（The Guardians of Paradise）』で金賞を受賞する。すぐに肖像画の注文が殺到するようになり、彫刻の制作も始めた。

離脱
BREAKING AWAY

　1892年、シュトゥックは、ミュンヘン芸術家組合から離脱した若い芸術家たちの集団「ミュンヘン分離派」の結成者の一人となる。芸術家組合は、芸術における新たな発想や現代的な流行に否定的だった。シュトゥックら進歩的な芸術家たちは、芸術に対する固定観念の変化を求め、発表の場を組合主催の展覧会に限定するのではなく、芸術家が一般の人々に直接、作品を公開する自由をもてるよう期待したのである。

　そのころ、シュトゥックが手がけた初期の彫刻作品の一つが『アスリート（Athlete）』である。理想的な肢体をもつ精密なブロンズ像は、伝統と現代的なものに対する考え方の両方を表現し、顔はシュトゥック自身をモデルとした。この作品は大きな反響を呼ぶ。翌年、ミュンヘン分離派の展覧会に参加し、絵画作品『罪（The Sin）』を発表、さらなる称賛と注目を集める。同年、シカゴ万国博覧会において、シュトゥックはふたたび金賞を受賞した。

　1895年、ミュンヘン美術院の教授に就任。パウル・クレー、ワシリー・カンディンスキー、ヨゼフ・アルバースら多くの教え子がその薫陶を受け、著名な芸術家となっている。シュトゥックは34歳で結婚すると、住居の設計に取りかかった。貧しい生まれからは考えられないほどぜいたくで優美な豪邸で、シュトゥックの創造力と成功を表していた。

上：星座が描かれた天井（拡大）。
P.99：ヴィラ・シュトゥックの音楽室。
シュトゥックとメアリーは、ここでよくコンサートを開いた。
P.100-101：プリンツレゲンテン通りに建つヴィラ・シュトゥックの外観。

総合芸術
GESAMTKUNSTWERK

「総合芸術（Gesamtkunstwerk）」となる建物を目指して、シュトゥックは自身の家を生活と建築、美術、音楽、演劇が融合する場にしようとした。構造から家具や調度品といった内装に至るまで、すべてのデザインを手がけた。1900年のパリ万国博覧会では、シュトゥックは家具で金賞を受賞している。

3階建ての邸宅は、ミュンヘンに4本ある格式高き王室通りの一つ、プリンツレゲンテン通り（摂政皇太子通り）に建てられている。建物全体を通して、シュトゥックはぜいたくで豪華な素材を用い、古代様式、ビザンチン様式、新古典主義、盛期ルネサンス様式、アール・ヌーヴォー様式などさまざまな様式からインスピレーションを得ている。外観に目を向けると、均整のとれた幾何学的な形の大きな窓が並ぶ壮大なファサードには、新古典主義とアール・ヌーヴォー様式の要素が見てとれる。壁はクリーム色で、2本の車道の先には銅像が立つエントランスがあり、ポルチコの下にはメデューサの頭が掲げられている。建物が完成したのち、シュトゥックはファサードをさらに金色の長方形のパネルで飾っている。1914年まで家の中心部にシュトゥックのアトリエがあったが、1915年には隣に増築を行い、より大きなアトリエを別棟に構えた。増築部には大きな窓があり、プリンツレゲンテン通りが見渡せた。

家の中を見ると、シュトゥックは部屋をタペストリーやカーペット、カーテン、絵画、壁画、彫刻、布張りの家具などで飾っている。部屋のほとんどが板張りだが、繊細な模様が床に刻み込まれた部屋もある。壁にはシュトゥック自身の絵画が飾られ、破風や壁のくぼみには大理石像や銅像が置かれた。大きく広々とした部屋もあるが、小ぢんまりとした部屋も多く、どの部屋も天井が高い。全体的に直線と曲線がバランスよく組み合わされ、弧を描くアーチやドーム天井、曲線的なくぼみ、壁や床、天井の円形や楕円形、格子の模様などにそれが表れている。ほとんどの壁や天井は彫刻や絵画、偶像、左右対称（あるいは非対称）のデザインで飾られ、床にはそれぞれの部屋の装飾と調和する模様に組まれた寄木や、大小さまざまな陶器のタイルが張られた。クリーム色と金色でまとめられた新古典主義の玄関ロビーには、アンティークの置物やレリーフ、彫像が飾られている。黒と白のモザイクの床には動物のシンボルが描かれ、黒とオークル色の線が白い壁を彩る。大きなフロアタイルに、レリーフが彫られた格子天井、小さな絵と大理石の像は、新古典主義を感じさせる。金と茶の色調で統一されたホールは、金箔をほどこしたギリシャ風のフリーズ、大きな鏡、大理石やシルク、金モザイク、マホガニーの家具、暖炉、ブロンズの胸像で飾られ、同様に古代ギリシャにインスピレーションを得てデザインされた待合室には、大理石の彫刻が置かれ、淡いクリーム色と緑色で揃えたカーテンや壁の装飾がそれを際立たせている。喫煙室は赤いダマスク織りで仕切られ、手彫り細工をほどこした鋳造のフレームで縁どった鏡が据えられた。建物にはそのほかに、図書室、寝室、食堂と、天井が貝の形のようにカーブした大きな階段などがある。

シュトゥックとメアリーは頻繁に友人たちを家に招き、客のなかには当時の著名人もいた。夕食会や盛大な祝賀会、真剣な講演会や討論会なども開かれていた。メアリーは才能ある歌い手で、よく音楽室でコンサートを開いた。音楽室にはギリシャの英雄物語を表した動物の置物や彫刻が並び、天井には夜の空が描かれている。シュトゥックたちは、建物の裏にある庭で友人たちと過ごすこともあった。庭はルネサンスや新古典主義の様式を取り入れたデザインの心落ちつく空間で、大理石のアーチや柱、古代ギリシャやローマの神々をかたどった銅像、小道や歩道、花壇や木々で彩られている。

VANESSA BELL AND DUNCAN GRANT

Charleston, UK

ヴァネッサ・ベル & ダンカン・グラント

チャールストン（イギリス）

　1916年、イギリスの画家でインテリア・デザイナーのヴァネッサ・ベル（1879-1961）は、18世紀に建てられたサセックスの農家「チャールストン」に移った。その12年前、25歳だったヴァネッサは、母親に続いて父親を亡くし、妹のヴァージニアと弟トビー、エイドリアンとともにロンドンのウェストミンスターからブルームズベリーに移り住んでいた。

　ブルームズベリーに移ってから2年後の1906年11月、トビーが腸チフスで亡くなる。それから3か月ほどで、ヴァネッサはトビーの友人で美術評論家のクライヴ・ベルと結婚し、ジュリアンとクウェンティンの二人の息子をもうけた。ヴァネッサとクライヴは、ブルームズベリー・グループを結成したことで知られている。芸術家や作家、知識人からなる集団で、メンバーには妹ヴァージニアと弟エイドリアンのほか、作家のリットン・ストレイチー、評論家のデズモンド・マッカーシー、経済学者のジョン・メイナード・ケインズ、小説家のE・M・フォースター、画家のダンカン・グラント（1885-1978）、画家で評論家のロジャー・フライなどがいた。1910年、ヴァネッサはフライがイギリスで企画した、ポスト印象派たちの初となる展覧会『マネとポスト印象派展（Manet and the Post-Impressionists）』を訪れた。この展覧会は、ポスト印象派という呼び名を確立しただけでなく、ヴァネッサの作風にも大きな影響を与えた。以降、彼女は作品により明るい色彩と、より抽象的でシンプルな形状を取り入れるようになった。

　息子を二人産んだヴァネッサは、1911年、フライとともに2年におよぶプロジェクトに着手する。当時の母親に対する要求や女性に対する固定観念にとらわれることなく、ヴァネッサは仕事を続け、2年かけて、フライやダンカン・グラントとともに「オメガ・ワークショップ」を設立する。デザインと芸術の分離を解消し、芸術家自身がデザイン、制作、作品の販売を行い、作家もまた印刷や出版が可能だということを証明するのが目的だった。陶器の製造から家具や壁画、モザイク、ステンドグラス、服や生地などの絵つけ、さらにはインテリアデザインの分野にも進出し、オメガ・ワークショップはその後6年にわたり、シンプルで色鮮やかなデザインで人気を博すことになる。だが第一次世界大戦後は、流行遅れとみなされるようになり、1919年、オメガ・ワークショップは終焉を迎えた。

　1914年、ヴァネッサとグラントは関係をもつようになる。グラントは同性愛者で男性の恋人とも別れることはなかったが、ヴァネッサとグラントは40年以上ともに暮らした。二人の間にはアンジェリカという娘が生まれ、クライヴはスキャンダルを避けるため、自分の娘として育てた。アンジェリカは、18歳になるまで実の父親が誰かを知らなかった。

チャールストンへ移る
MOVING TO CHARLESTON

　オメガ・ワークショップの設立から3年後、そして第一次世界大戦の勃発から2年後、ヴァネッサはチャールストンに居を移す。砂利敷きの玄関にヴァネッサとともにやってきたのは、8歳の息子ジュリアンと、6歳のクウェンティン、グラントとその恋人デイヴィッド・"バニー"・ガーネット、グレース・ヒゲンズ、犬のヘンリーだった。

　グラントに「チャールストンの天使」と称されたグレース・ヒゲンズは、家政婦兼子守、料理人として、1920年6月からヴァネッサ一家のもとで働き、チャールストンに移ってからは料理人、ハウスキーパー、さらには芸術家たちのモデルとなった。活気にあふれ、機知に富んだヒゲンズは、家事の切り盛りには欠かせない人物だった。のちに彼女の夫もチャールストンで暮らすようになり、エヴァ・エドワーズやブレアトン夫人といった、息子たちの家庭教師が加わった時期もあった。使用人

上:チャールストン内にある、ダンカン・グラントの色鮮やかなアトリエ兼居間。暖炉の絵はグラントとヴァネッサが描いた。
P.105:ダンカン・グラントによって、図書室のドアと本棚に描かれた絵(拡大)。

の入れ替わりはあったものの、グレース・ヒゲンズだけは残っていた。

グラント、ガーネット、クライヴは良心的兵役拒否者であり、徴兵を逃れるため農場で働かざるを得なくなった。クライヴは戦時中をオックスフォードシャーで過ごした。クライヴとヴァネッサは正式に離婚することも別れることもなく、自身の恋人を連れてチャールストンに長期滞在することもあった。ヴァネッサの屋敷は、ロンドンから訪れたブルームズベリー・グループのメンバーたちの芸術・文学活動の中心地となった。チャールストンは急進派の芸術家や作家、思想家の集まる場所で、そこでは社会や政治、文学、芸術に関する革新的な考えが議論された。チャールストンへの訪問者には、グラントの従兄のストレイチーや、マッカーシー、ケインズ、フォースター、ヴァージニアとその夫で著述家、出版業者、公務員のレナード・シドニー・ウルフらがいた。ケインズはロシア人バレリーナのリディア・ロポコワと結婚し、近隣の家に引っ越している。チャールストンに移るまえ、ヴァージニアが家のことをヴァネッサにこう書いている「……かわいらしい庭と池があって、果物の木に、野菜も植わっているの……。家はとても素敵で、部屋は広いし、大きな窓のある部屋はアトリエにぴったりだと思う……。トイレとお風呂はあるけど、お風呂は冷たい水しか出ない。かなり手をいれなきゃいけない家ね」

引っ越してすぐに、ヴァネッサとグラントは家の中のあらゆる場所に装飾をほどこしていき、家を生きた芸術作品へと変えた。家具や暖炉に色を塗り、壁やドアに壁画を描いた。それぞれの絵画やスケッチを家中に飾り、オメガ・ワークショップの生地や陶器を取り入れた。ヴァネッサは庭を設計し、花や果物、野菜を育てた。オメガ・ワークショップの仕事をし、妹たちの本のカバーをデザインした。その本はヴァージニアとレナード夫妻の出版社ホガース・プレスから出版された。

チャールストンでの生活
LIFE AT CHARLESTON

第一次世界大戦の終戦直後、ヴァネッサは二人の息子とまだ幼い娘を連れ、ふたたびロンドンに引っ越した。2階建てで大きなサッシ窓のあるチャールストンは、家族の夏の別荘となる。1924年、ヴァネッサは長期の賃貸契約を結び直し、改築工事が始まった。子供たちとヴァネッサ、クライヴ、グラント、ケインズと使用人たちそれぞれの寝室に、図書室、ゲスト用の寝室、クライヴの書斎、ヴァネッサとグラントのアトリエ、陶芸室、ガーデンルーム、ヒゲンズ用の居間、食堂にキッチンもあった。1925年、食堂のアルコーブが取り壊され、広々としたアトリエが建築された。さらに、鶏の囲いだった場所は「フォリー(あずまや)」と陶器の製造所となり、フライが壁に囲まれた庭を設計

した。ヴァネッサとグラントはガーデンルームの壁にペイズリー模様のステンシルをほどこし、手描きの花を添えた。ほかの部屋の装飾作業も行いながら、カーテンやクッションも制作した。クライヴの書斎は、1939年に本や家具を移すまでは、ジュリアンとクウェンティンの勉強部屋だった。そうしているあいだも、哲学者のG・E・ムーアや詩人で出版業者、劇作家、評論家のT・S・エリオット、フランス人の映画監督で映画脚本家、俳優、プロデューサー、作家でもあるジャン・ルノワールら、さまざまな客がチャールストンを訪れていた。

チャールストンでは、郵便や新聞が届くのを待ちながら、のんびりと軽めの朝食をとる。そして日中は、滞在者たちはめいめい執筆したり、絵を描いたりして過ごす。ヴァネッサは自分のアトリエや庭で仕事をしていた。昼食も軽めであっさりしたものだったが、夜になると、みなガーデンルームに集まって一杯やり、それから大きなダイニングテーブルを囲んで、おしゃべりをしながら夕食を楽しんだ。

意見を交わし合い、絵を描き、執筆し、笑いさざめきながら食事をする幸せな日々は、1937年に突如終わりを告げる。ジュリアンがスペイン内戦で戦死したのだ。29歳だったジュリアンは、スペイン共和派に共感を募らせるようになり、スペインに戦いに行こうとするジュリアンを、両親や叔母のヴァージニアはどうにか思いとどまらせようとした。それでもジュリアンはスペインに向かったが、兵士ではなく救急車の運転手として働いていた。そして4週間経ったころ、爆弾の破片が当たり、命を落としたのだった。その2年後、第二次世界大戦が勃発し、チャールストンはふたたび、ヴァネッサの仲間である芸術家や作家、思想家たちの避難所となった。だがヴァネッサ自身は、息子の死の悲しみに打ちひしがれたままだった。ジュリアンの死から4年後の1941年、ヴァージニアが入水自殺する。ヴァネッサは友人にこう書いている。「元気を出さなければと思いますが、私はもう二度と幸せな気分になることはないでしょう」

1941年、ヴァネッサとグラントは、近隣のバーウィック教会から壁画の制作依頼を受ける。二人の複雑な関係はそのときも続いていた。翌年、アンジェリカとガーネットが結婚する。二人は4人の娘をもうけた。クウェンティンも結婚し、息子一人に娘二人の、3人の子供に恵まれる。ヴァネッサは、子供や孫たちから、そして変わることのないグラントとの関係からも離れ、絵を描くことと、チャールストンでの時間に安らぎと慰めを見出していた。

「人間というものは、つまるところ、自然に恋しているのだ」

ヴァネッサ・ベル

上：チャールストンの図書室は、20世紀初頭、ブルームズベリー・グループの中心地だった。
P.110-111：クライヴ・ベルの寝室。

SUZANNE VALADON

Paris, France

シュザンヌ・ヴァラドン
パリ（フランス）

モンマルトルの丘の頂上近くの、テルトル広場と堂々たるサクレ・クール寺院の後ろに隠れるようにたたずむコルトー通り。かつてはサン・ジャン通りとして知られたこの通りは、1672年に初めて発行されたパリ市街地図にすでに掲載されていた。1859年以降、パリの新古典主義彫刻家ジャン＝ピエール・コルトーにちなんでコルトー通りと呼ばれるようになった。

19世紀から20世紀初頭にかけて、モンマルトルは芸術家や作家たちに愛された自由で活気あふれる界隈で、建物が20軒しかない、急な坂道で石ころだらけのコルトー通りに多くの人々が暮らし、働いていた。とくに12番地から14番地は、ピエール＝オーギュスト・ルノワールやエミール＝オトン・フリエス、ラウル・デュフィ、エミール・ベルナールらの集会所や家、アトリエとなった。シュザンヌ・ヴァラドン（1865-1938）もアパート兼アトリエを借り、1896年から1905年のあいだは最初の夫と、1912年から1926年にかけては2番目の夫と住んでいた。

芸術家たちを観察する
WATCHING THE ARTISTS

フランス中部の小さな町に生まれたマリー＝クレモンティーヌ・ヴァラドンは、5歳で母親とモンマルトルに移った。11歳のころから帽子屋や園芸店、野菜市場などさまざまな場所で働き、15歳のとき、サーカス・モリエの曲芸師、曲馬師、ブランコ乗りとなった。だが、空中ブランコから落ちて背中を痛め、サーカスを辞めなければならなかった。ヴァラドンは社交好きな性格と芸術へのあこがれから、モンマルトルに暮らす芸術家たちのあいだで知られるようになっていく。若くて美しく、小柄で華があり、黒い髪と青い目をもつヴァラドンは、ピエール・ピュヴィス・ド・シャヴァンヌやベルト・モリゾ、ルノワール、アンリ・ド・トゥールーズ＝ロートレックらのお気に入りとなる。年の離れた男性芸術家たちと関係をもっていたヴァラドンに、ロートレックは聖書に出てくる「スザンナ」にちなんでシュザンヌというニックネームをつけた。ヴァラドンはそのシュザンヌという名を画名として使いはじめたが、友人たちは彼女をマリーと呼び続けた。

モデルをしながら、ヴァラドンは芸術家たちの仕事ぶりを観察し、絵画やデッサン、版画のアドバイスを受けることもあった。エドガー・ドガなどは、ヴァラドンの大胆な描写や色づかいに感銘を受け、創作を続けるよう励まし、後押しした。ドガはヴァラドンにエッチングや彫刻を教え、パステルの使い方を示し、影響力のあった画商ポール・デュラン＝リュエルやアンブロワーズ・ヴォラールを紹介している。ヴァラドンとドガは人生を通じて親交を続け、ヴァラドンはドガのことを「ザ・マスター」と呼んでいた。1883年、18歳になったヴァラドンは本気で絵画に打ち込むようになるが、同じ年、息子を出産し、モーリスと名づけた。父親が誰かははっきりしなかったが、友人で元恋人のミゲル・ユトリロがヴァラドンの産んだ子を息子として認知している。本当の父親はピエール・ピュヴィス・ド・シャヴァンヌかルノワールではないかという噂が広まっているが、モーリスが8歳のとき、父親であることを証明する書類に署名したミゲル・ユトリロが、こう言ったという。「誰かの務めを果たすために、私が自分の名を署名するのだ」息子が成長すると、ヴァラドンは画家に育てあげた。1894年、ヴァラドンは国民美術協会初の女性会員となった。

1890年代、ヴァラドンは裕福な商人ポール・ムージスと知り合い、結婚する。二人はモーリスとヴァラドンの母とともにコルトー通り2番

上：庭から眺めたヴァラドンの3階のアトリエ。
P.115：アトリエに置かれた絵の具箱やカンヴァス。

地で暮らしていたが、結婚後に田舎の邸宅に引っ越した。だがムージスはヴァラドンのために、コルトー通り12-14番地に住居兼アトリエを借りていた。パリを見下ろす広々とした部屋で、緑豊かな果樹園もあった。1905年までそこで暮らしたが、そのころまでに、ヴァラドンは息子の友人で、20歳以上年下の画家アンドレ・ユッテルと不倫関係になっていた。ヴァラドンはムージスと離婚してユッテルと再婚し、1912年からコルトー通りのアパートで、ユッテルとモーリス、犬や猫、ヤギたちと暮らしていた。ヴァラドンたちの関係は一触即発だった。アルコールに依存し、うつ症状があったモーリスは、ヴァラドンやユッテルとしょっちゅう喧嘩になった。ヴァラドンは、人生で最も多作な時期をコルトー通りで過ごした。ヴァラドンとユッテル、モーリスの3人の芸術家たちは「地獄の3人組（Le Trio Infernal）」と呼ばれていた。

上階のアトリエ
SECOND FLOOR STUDIO

　コルトー通り12-14番地のアトリエは、17世紀に建てられた立派な建物の中にあった。モンマルトルで最も古い建物の一つで、部屋とアトリエに分かれていた。ヴァラドンはいつも、通りに面した入口を使い、大きなアーチ状の戸口を通り抜けて管理人に挨拶をし、木の階段を上がり、3階にある自分の作業場へと向かっていた。毎日、イーゼルの前に腰を下ろし、あるいは立って絵を描き続けたヴァラドンは、ますます自信をつけ、意欲的に作品を制作した。ムージスと結婚していたころから、ヴァラドンは家政婦のカトリーヌを雇い、絵を描く時間を確保していた。モンマルトルに住む人々とも触れ合い、毎朝いちばんに、ヴァラドンかカトリーヌのどちらかが犬を連れて階段を降り、散歩に行っていた（連れているのはたいていウルフハウンドで、一時は5頭も飼っていた）。ときには親交の深かったドガやアメデオ・モディリアーニが訪ねてきて、作業をするヴァラドンの横に座り、おしゃべりをした。ヴァラドンはひじょうに気前がよく、思いやりがあり、情熱的だった。名声が高まると、下の通りにいるいたずらっ子に向かって、アトリエの窓から100フラン札を落としたりすることもあった。モンマルトルの通りで浮浪者に行き会うと、誰であろうと必ずお金を渡していた。

　アトリエでは、色鮮やかな静物画や肖像画、花、風景、大胆なヌード、愛犬やカトリーヌを描いた。ヌードの肖像画も多く描き、年を重ねる自分の体を描写し続けた。初期の大判の油彩画は性の喜びがテー

上:テーブルの隅にはヴァラドンの使っていた道具や私物が積み上げられている。
P.116:ヴァラドンのコルトー通りのアトリエの一部。

マで、『網を打つ人(Casting the Net)』(1914)は男性を女性の欲望の対象として描いた最初の作品の一つでもある。自由奔放な生き方と、パリの男性芸術家たちと親交が深かったこともあり、ヴァラドンは男性芸術家が雇ったのと同じモデルを使って男性のヌードを描いた最初の女性となった。『網を打つ人』に描かれている男性のモデルは、ユッテルが務めている。ヴァラドンの絵画は、豊かな色彩と生き生きとした筆致によって、当時の画壇の流行やアカデミー芸術の期待から外れたテーマを追求していた。対象を暗い輪郭で描くという独自の画法を確立し、ありきたりで無難な、「女性らしい」軽くふんわりとしたタッチではなく、力強い線や色を使うことを選んだ。テーマも、女性芸術家としてはもちろん、当時の芸術家としても類を見ないほど大胆で型破りなものだった。ヴァラドンは肖像画において、生の感情をもとにした、意思が強く思慮深い女性たちを描いた。ヴァラドンの明るい色彩と躍動的な筆づかい、はっきりとした筆あとは、格式ばった画壇への反発だった。型にはまった画家たちと違い、ヴァラドンは独自の色を調合し、「悩まなくてすむように」パレットはいつもすっきりとしていた。

パノラマの景観
PANORAMIC VIEW

ヴァラドンのアパートの住居部分は、ギシギシときしむ細く暗い廊下と、狭く薄暗い部屋で構成されていた。それでも、小ぢんまりとした窓からは息をのむようなパリの景色を眺めることができ、アトリエの背の高い窓と天窓は、部屋を広く、明るく見せてくれた。光あふれるアトリエの壁は板張りで天井は高く、ロフトと小さなストーブがあった。床の一方にはじゅうたんが敷かれ、窓際に長いテーブルが置かれ、部屋の三方の壁には大きな窓が建物のてっぺんに向かって垂直にそそり立ち、天井の一部を覆うように広がっていた。部屋の中には、散らかった絵の具箱やカンヴァスについたて、衣装だんす、チェスト、イーゼル、さらにはテレピン油やコーヒーカップ、絵具のチューブ、ブラシやパレットを置くためのさまざまな木の椅子が並んでいた。

悲しいことに、大人になるにつれ、モーリスのうつ症状や怒りの発作、アルコール依存はひどくなる一方だった。それがユッテルにも影響し、ヴァラドンが息子をかばうと、ユッテルは余計にいら立ちを募らせるのだった。3人の芸術家たちは共作も行ったが、スタジオでは別々に作業した。仲良くおしゃべりし、気楽な沈黙を楽しんだりもしたが、激しい喧嘩になり、お互いに怒鳴り合って絵具や絵筆、パレット、カップなどの物を投げ合うこともあった。そうでないときには、モーリスがどんちゃん騒ぎから帰ってくるのを、あるいはうつ状態を脱して部屋から出てくるのを不安げに待ちながら、はたまた、モーリスが暴力沙汰や騒動を起こして逮捕されたという知らせが来るのにおびえながら、ヴァラドンは狂ったように制作に励んだ。平穏なときには、ヴァラドンとユッテルはアトリエを離れ、モンマルトルのキャバレークラブ「ラパン・アジル」(ピカソのお気に入りの場所でもあった)で楽しい夜を過ごすこともあった。

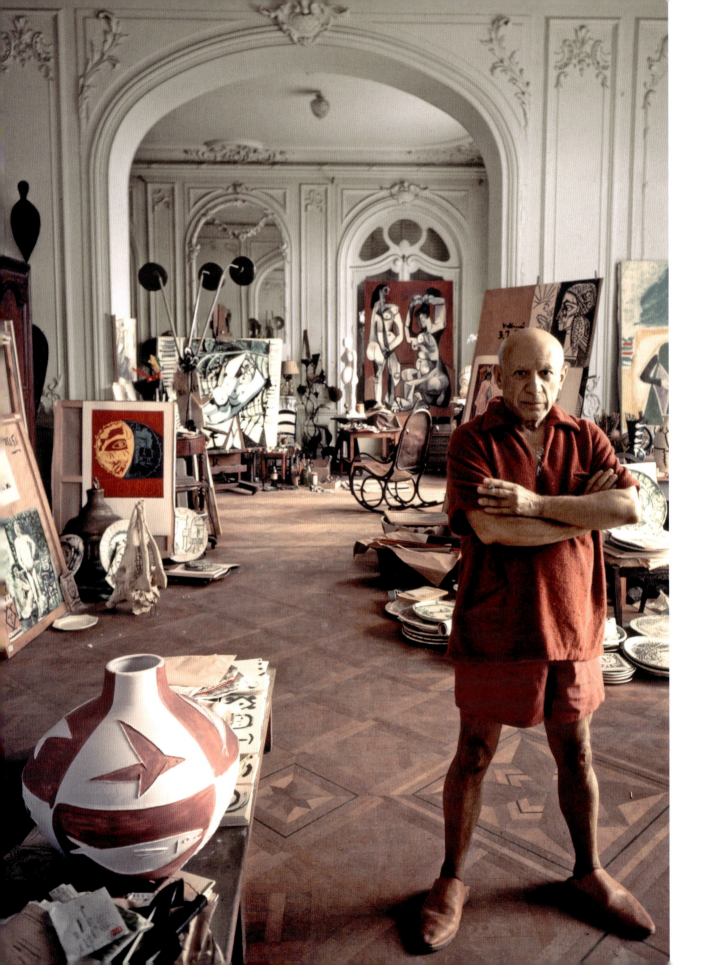

PABLO PICASSO

Cannes, France

パブロ・ピカソ

カンヌ（フランス）

　第二次世界大戦後、スペインの芸術家パブロ・ピカソ（1881-1973）はパリを離れることを決意し、1946年、フランス南部に移る。その9年後、ピカソはカンヌにある「ヴィラ・ラ・カリフォルニ」を購入し、恋人のジャクリーヌ・ロックとその娘キャサリンとともに引っ越した。ピカソはヴィラ・ラ・カリフォルニで6年間暮らし、制作を行った。

　20世紀前半、世界で最も著名で影響力のあった芸術家パブロ・ピカソは、ジョルジュ・ブラックとともにキュビスムの創始者となり、人生を通して芸術の革新に取り組み、美術史の方向性を変えた。画家、彫刻家、版画家、陶芸家であったピカソは、スペインのバルセロナで育った。まずは美術教師だった父から絵を学び、その後、美術学校で頭角を現す。1900年、パリを初めて訪れ、数年間フランスとスペインを行き来したのち、1904年からフランスに定住した。

　子供時代は自然主義的な手法で絵を描いていたが、パリに移ってからは独自の手法や題材を試みるようになり、たちまちピカソの作品は有力な支援者たちの目に留まりはじめる。貧乏人から金持ちへと、経済状況が一変した。ピカソは画期的な作品を多く残している。1907年には『アビニョンの娘たち（Les Demoiselles d'Avignon）』を描き、これがのちにキュビスムの発端となる。1937年には『ゲルニカ（Guernica）』を制作。モノクロで描かれた記念碑的絵画で、世界で最も強烈な反戦のメッセージとなった。

とどまるところを知らない才能
EXPANSIVE TALENTS

　ピカソはスペインのマラガに生まれ、7歳ごろより芸術家の父親からデッサンや絵画の手ほどきを受けていた。ピカソの母親は、息子が最初に発した言葉が「ピス」、すなわち「ラピス（鉛筆）」を縮めた言葉だったと語っている。幼少時より並外れた芸術の才能を示していたピカソは、子供時代から青年期にかけては、自然主義的な手法で絵を描いていた。ほかの学生よりもはるかに若い14歳で、バルセロナ美術学校に入学し、数年後、マドリードの王立サン・フェルナンド美術アカデミーに入学。だがピカソはそこでの授業に嫌気がさし、美術館やギャラリーに通い、独学で芸術を学ぶほうを好み、短期間でアカデミーを退学している。18歳のとき、バルセロナのカフェ「四匹の猫（Els Quatre Gats）」の常連となり、そこでボヘミアンや急進派の人々と出会い、すぐさま絵画の新たな理論や技術、スタイルを追求しはじめる。フランスに定住したころには、ピカソの作風はそれまでの「青の時代」（友人の自殺がきっかけだった）から「バラ色の時代」へと変わろうとしていた。1906年以降、アンリ・マティスのフォーヴィスムの作品に感化され、ピカソもより急進的な画風を模索し、二人は長年ライバルであり続けた。それからピカソは、キュビスム、シュルレアリスム、古典主義などさまざまな作風を開拓し、絵画や彫刻、陶磁器、版画などに取り組んだ。アフリカや古代イベリアの芸術に影響を受けた初めての西洋人芸術家となり、創作人生を通して2万点以上の作品を生み出し、芸術の創作の手法と、芸術の見方の両方に変化を与え続けた。作風の変化には、自身の恋愛遍歴も影響していたといわれている。ピカソはバレエ・リュスの舞台セットをデザインし、ポスターや本の挿絵なども手がけた。存命中のときでさえ、美術館にピカソの作品だけが展示されることもあった。

　第二次世界大戦のさなかも、ピカソはドイツ軍占領下のパリに残っていた。独りぼっちだったが、戦争によってひどい目に合うことはなかった。とはいえ、ナチスに作品が没収され、ユダヤ人の親しい友人

上、P.121-123：ヴィラ・ラ・カリフォルニはどの部屋もピカソの作品であふれ、机の上や椅子の上など、いたるところにピカソの持ち物や道具が置かれていた。

が殺されたこともあった。戦争が終わると、パリに残る気がなくなったピカソは、パートナーで芸術家のフランソワーズ・ジローとともに、南フランスのヴァロリスに移った。だが1953年、フランソワーズは二人の子供、クロードとパロマを連れ、ピカソを残してパリへ戻ってしまう。同じ年、ピカソの陶器を制作していたマドゥーラ工房でジャクリーヌ・ロックと出会った。ジャクリーヌは26歳、ピカソは72歳で、その8年後の1961年、二人は結婚した。結婚生活のあいだに、ピカソはそれまでのどの恋人よりも多い400点以上ものジャクリーヌの肖像画を残している。そして1955年のある夜、ピカソとジャクリーヌはカンヌで、「ラ・カリフォルニ」と呼ばれる広々として贅沢な邸宅を見つけ、そこに住むことを決めた。

ラ・カリフォルニ
LA CALIFORNIE

ヴィラ・ラ・カリフォルニは、もともとはヴィラ・フェヌロンとして知られ、現在はパヴィヨン・ド・フロールと呼ばれている、カンヌのコステベル通りにある邸宅である。ラ・カリフォルニ地区に位置し、1920年に建てられた。錬鉄の手すりの階段や、少々ごてごてとして型にはまったデザインの窓枠など、華美な装飾や建具が目立つ。重厚で派手な建物だったが、高い天井の部屋は明るく広々としていて、ピカソの心をつかんだ。黒鉄の高いフェンスがテラスを取り囲み、かなりの有名人だったピカソにとってはそれも好都合だった。引っ越してすぐ、ピカソはカーテンやカーペット、グランドピアノ、家具など、前の所有者の持ち物をすべて取り払った。ピカソは物をため込むのが好きで、家の中はすぐにさまざまな物であふれ返った。玄関ホールの鏡つきのドアの前にも、カンヴァスやイーゼル、絵具、ブロンズ像、陶器、家具など、ピカソの私物が入った箱が積み上げられていた。ピカソはキッチンをリトグラフや彫刻の工房に変えたが、残りの部屋には手をつけず、新たな装飾も加えなかった。寝室も快適に整えたが、絨毯やカーテンはそのままにした。壁には額に入れていないカンヴァスやスケッチ、写真、メモなどを飾っていた。物が散乱していたが、家の中は居心地がよく、スケッチブックや未完成のブロンズ像、カンヴァス、スケッチでいっぱいの書類かばん、子供のおもちゃや作りかけの版画など、

上、P.124：ピカソと画商のダニエル=ヘンリー・カーンワイラー。ラ・カリフォルニのアトリエにて、1957年撮影。

そこかしこにピカソの制作のあとが残っていた。

　1階は部屋同士が大きなドアでつながり、ヤシやユーカリの巨木が茂る庭に面したフレンチドアでも行き来できた。背の高い窓からは暖かい南仏の光が降り注ぎ、ときにはヤシの木々のあいだから木漏れ日が差し込む。高々とした天井が、どの部屋も明るく、そして広く見せていた。ピカソは周りのすべてに刺激を受け、家のいたるところで制作を行った。その部屋で食事をし、眠り、働き、友人を楽しませ、ネズミや鳥、犬、ヤギといったペットたちと遊んだ。ピカソにとってはすべてが一つであり、その作品は、残りの人生のすべてと完全に結びついていた。食堂のテーブルで作業し、食事どきになると絵の道具を片づける、といった具合だった。

　ジャクリーヌは献身的にピカソの面倒を見た。料理をし、音楽を演奏した。ピカソの気分が変わると、ジャクリーヌはすぐさま別のプランを考え、邪魔をする者やピカソが嫌がる訪問者が家に入ってこないようにした。ピカソが仕事をしているあいだは、娘のキャサリンと二人で過ごした。ジャクリーヌは記録写真を撮ることも学んだ。ピカソがラ・カリフォルニで制作した絵画の多くは、ジャクリーヌの肖像画である。トルコのドレスを身にまとったジャクリーヌや、彼女の大きな茶色の目を強調した作品もある。1955年から1956年にかけて、ピカソはキュビスムの精神を追求するような肖像画を何枚か描いている。傾いたりゆがんだり、一つの絵の中にさまざまな視点が見て取れる。ジャクリーヌはピカソの制作に深くかかわり、安楽椅子や18世紀のイギリス製の椅子（ピカソが父親から贈られたものだった）に座って、よく何時間もピカソに寄り添っていた。

　1956年、ピカソはラ・カリフォルニのアトリエの中を描いた連作を制作し、1958年には庭から見たカンヌの入り江を描いている。だが1961年になると、新たな建物の建設によって、家から見える海の景色が遮られてしまう。ピカソとジャクリーヌはヴィラ・ラ・カリフォルニを去り、カンヌから7.5キロ（4.7マイル）離れたムージャンに転居し、そこで生涯を終えている。

「私は大金を持った貧乏人として生きたい」

パブロ・ピカソ

上：自分の作品に囲まれながら、アトリエの外にゆったりとたたずむピカソ。

GIORGIO DE CHIRICO

Rome, Italy

ジョルジョ・デ・キリコ
ローマ（イタリア）

　シュルレアリスムの先駆者で「形而上絵画」の主導者でもあったジョルジョ・デ・キリコ (1888-1978) は、第二次世界大戦終戦の2年後、ローマにある17世紀の「パラツェット・デル・ボルゴニョーニ」を購入した。当時ジョルジョは60歳で、亡くなるまでの30年間、そこで暮らし、制作を行った。

　イタリア人の両親のもと、ギリシャで育った子供時代の経験が、ジョルジョ・デ・キリコに大きな影響を与えた。母親はジェノバの生まれで、父親はシチリアとギリシャにルーツをもつ鉄道の技師だった。10代の初めに、ジョルジョはアテネでデッサンや絵画を習いはじめたが、17歳のとき父親が亡くなり、一家はドイツへと移住する。ジョルジョはしばらくのあいだミュンヘン美術院で学び、その後ミラノで6か月間過ごした。22歳のときにはフィレンツェに暮らしていて、そこで『形而上的広場 (Metaphysical Town Square)』シリーズの第一作となる作品を制作した。この連作では、奇妙に並んだローマ風の建築物と劇的な遠近法が、見る者に不安や不協和音、ときに憂鬱さを感じさせる。アーチや通り、広場、長い影、彫像、そして不気味な静寂が描かれていることが特徴で、それらの要素からは不合理さと不調和が伝わってくる。

　1911年、デ・キリコはパリに向かう途中、トリノで数日を過ごし、そこで見た建築物に強い感銘を受けた。とくにアーチ道や広場が「形而上的」だと述べている。その数年後、フランスの詩人で美術評論家のギヨーム・アポリネールがデ・キリコの擁護者となる。アポリネールはデ・キリコが開いた小さな展覧会の批評のなかで、デ・キリコの描く幻想的で混沌とした不思議な場面を「形而上的絵画」と表現し、こう称賛を送った。「この若い芸術家の作品は、内面的で哲学的な芸術であり、近年のどの画家の作品とも似ていない」

　第一次世界大戦中、デ・キリコはイタリア軍に入隊したが、兵役に不適格とされ、フェッラーラの病院に配属される。そこで芸術家仲間のカルロ・カッラと出会い、二人で「形而上絵画 (Pittura Metafisica)」と名づけた芸術運動を確立した。

形而上絵画
PITTURA METAFISICA

　形而上絵画の運動は、1910年から1919年ごろまで10年近く続いた。デ・キリコとカッラは1917年に出会い、形而上絵画という芸術様式を確立したが、デ・キリコはその数年前から形而上的な絵画を創作していた。当初のデ・キリコのテーマは、イタリアの建造物にインスピレーションを得た、陰鬱で邪悪な空気が漂う広場の静まり返った風景を、誇張された遠近法で描くというものだった。だが徐々に、想像の風景の中に意外な物体を描くようになる。当時のヨーロッパで制作されていた作品とはまったく異なり、デ・キリコの作風はドイツの哲学者、評論家で古典文献学者のフリードリヒ・ニーチェの書物に感化されていた。この形而上絵画の運動は、数年後に起こるシュルレアリスムに強い影響を与えた。

　1919年11月より、デ・キリコは謎いたイメージを描くのをやめ、盛期ルネサンス芸術に影響を受けた、より古典的な絵画へと作風を変えた。そして近代や同じ時代の芸術をおおっぴらに批判するようになる。1920年の初め、シュルレアリスムの作家アンドレ・ブルトンは、パリのポール・ギヨーム画廊に展示されていたデ・キリコの形而上絵画を目にし、魅了された。ブルトンをリーダーとするパリのシュルレアリスム・グループは、デ・キリコの形而上的なスタイルに多くのヒント

上：17世紀に建てられたパラツェット・デル・ボルゴニョーニの、デ・キリコのアパートメントの様子。
P.131：キッチンにいるデ・キリコ。

を得ていた。1924年、デ・キリコはパリを訪れ、グループから歓迎された。だが一部のシュルレアリストがデ・キリコの新作を公然と揶揄したことで、デ・キリコとグループの関係は悪化し、デ・キリコは彼らと離れ、新たな画風で創作を続けた。さらにはエッセイを書き、小説を出版し、美術評論家でバレエ・リュスの創始者セルゲイ・ディアギレフのために舞台のデザインも行った。1930年、デ・キリコは2人目の妻となるイザベラ・パックスワー・ファーと出会う。翌年、二人はイタリアに移り、1935年にはニューヨークに向かい、1938年ごろまでそこで暮らした。それからヨーロッパに戻り、1939年、ピーテル・パウル・ルーベンスの影響を強く受けた絵を描きはじめる。1944年ごろにローマに定住し、1945年に自伝を出版。その2年後、デ・キリコとイザベラはパラツェット・デル・ボルゴニョーニの3つのフロアを借りた。

バロック
BAROQUE

長年にわたり、ヨーロッパやアメリカ各地で引っ越しを繰り返したデ・キリコは、彼が「世界の中心の中心」と呼ぶ場所に腰を落ちつけた。スペイン階段（トリニタ・デイ・モンティ階段）の下に広がるスペイン広場の31番地に建つ、バロック様式のパラツェット・デル・ボルゴニョーニ。ローマの文化と芸術の中心地にあるその建物の、最上階の3フロアを占有したのである。部屋からはサンティッシマ・トリニタ・デイ・モンティ教会と、マニエリスト建築のヴィラ・メディチを目の前に見ることができた。どちらも、138段のスペイン階段を上った先の、ピンチョの丘にあった。愛する町の中心に建つパラツェット・デル・ボルゴニョーニは、デ・キリコにとって完璧な住居であり仕事場だった。最初は賃貸だったが、引っ越してから20年後の1968年、デ・キリコはアパートを買い上げた。1960年代、イタリア人建築家のマッシミリアーノ・フクサスがデ・キリコのアトリエで働いていて、パラツェット・デル・ボルゴニョーニの増築部分を設計した。

4階建てのアパートメントの下階には大きなメイン・エントランスがあり、広々とした居間と食堂へと続いている。デ・キリコはよくパーティーを開き、玄関は大勢の客人を迎え入れるレセプションエリアになっていた。食堂と居間は天井が高く、寄木張りの床、重厚なベル

上:デ・キリコが「世界の中心」だと思っていた広々としたアパートメントには、華麗な装飾と芸術品があふれていた。

「ローマは世界の中心で、
スペイン広場は
そのローマの中心だという。
だとしたら、
妻と私は世界の中心の中心で
暮らしていることになる」

ジョルジョ・デ・キリコ

ベッドのカーテン、凝った装飾の金の額縁に入った絵、木彫りの天使の像、磨きぬかれたマホガニーの家具、銀食器、すっきりとしたデザインの暖炉にルイ16世様式のクリーム色の安楽椅子など、デ・キリコの贅沢な趣味に合う家具が整えられていた。こうした装飾は、バロック様式の建築物がもつ華麗さと、デ・キリコがとくに気に入っていた美術様式の両方を取り入れたものだった。大きく開けた長方形のアーチ道が部屋同士をつなぎ、空間を広く開放的に見せている。3階には寝室と、光に満ちたデ・キリコのアトリエがあった。このアトリエも、ほかの部屋と同様に天井が高く、大きな天窓からは光が降り注ぎ、デ・キリコが日々絵を描き、パイプをくゆらせる（デ・キリコは90歳で亡くなるまでタバコをやめなかった）空間を明るく照らした。アトリエの隣はデ・キリコのプライベートな資料室で、本があふれ、ルーベンスやアントワーヌ・ヴァトーといった巨匠たちの大判のモノグラフなどが揃っていた。4階にはキッチンと、広々とした大きなテラスがあり、デ・キリコは友人を連れてきたり、日中の息抜きに、腰をかけてすばらしい眺めを堪能したりした。デ・キリコは亡くなる直前まで精力的に創作を続け、1974年には、フランス芸術アカデミーの会員に選出されている。

ARTISTS AT HOME

GEORGIA O'KEEFFE

Abiquiú, New Mexico, US

ジョージア・オキーフ

アビキュー（アメリカ、ニューメキシコ州）

ニューメキシコ州北部リオアリバ郡の小村アビキューは、広大な空と荒々しい岩群に囲まれ、かつてはニューメキシコとカリフォルニアを結ぶ交易路「オールド・スパニッシュ・トレイル」の始発点だった。20世紀半ばから後半にかけて、ジョージア・オキーフ（1887-1986）はこの地に40年以上暮らした。

男性優位の画壇に入った女性であるオキーフだが、著名な芸術家となり、アメリカン・モダニズムの発展に重要な役割を果たした。70年以上活動を続け、世界のさまざまな側面を、至近距離から、あるいは意外な視点から描き、感情や力強さを表現したことで知られる。この感情と力というテーマは、オキーフがニューメキシコで制作した作品に欠かせないものだった。

アビキューはサンタフェの北約85キロ（53マイル）に位置し、その名はテワの言葉で「野生のチョークチェリーがある場所」を意味する。1742年、ローマ・カトリックの司祭に率いられ、テワ・プエブロの24の家族がアビキューに入植する。これはニューメキシコの境をネイティブアメリカンから守るための、スペインの策だった。

それからおよそ200年後、オキーフはこの地域のことを知り、魅了される。1929年の夏、オキーフ41歳のとき、友人との旅行でニューメキシコのタオスを初めて訪れ、その光と起伏に富んだ景観、地域に根づくネイティブアメリカンやヒスパニックの文化、霊的な雰囲気にとりこになった。なかでも心を奪われたのが、遠くまではっきり見渡せる眺望で、これにインスピレーションを得たオキーフは新たな芸術の方向性に取り組みはじめる。彼女は友人にこう書いている。「（ニューメキシコを）目にした瞬間、私の場所だと感じました。いままで見たこともないような風景だったけれど、私にぴったり合っていたのです。空気に漂う何かが、ほかの場所とは違っています。空も、星も、風も違っているのです」

ゴーストランチ
GHOST RANCH

オキーフは夏をニューメキシコで過ごすようになった。1931年に初めてアビキューを訪れ、1934年に、村から12マイル離れた21,000エーカーの観光（民宿）牧場「ゴーストランチ」の話を聞く。そして1936年の夏、オキーフはゴーストランチの片隅にある12エーカーの「ランチョ・デ・ロス・ブロス」を借りた。崖のふもとに位置し、遠くにすばらしい山々を望むことができるランチョ・デ・ロス・ブロスは、アドービ（泥レンガ）造りで、テラスの付いた農園屋敷だった。1940年、オキーフはこの家と周囲の敷地を購入する。それから何年ものあいだ、オキーフは夏をゴーストランチで過ごし、冬になると夫アルフレッド・スティーグリッツ（写真家でモダンアートの推進者だった）の待つニューヨークの家に戻っていた。ニューメキシコで、オキーフはほとんど休みなく絵を描き続けた。1942年、友人で芸術家仲間のアーサー・ダヴへの手紙にこう書いている。「私が窓から眺めている景色を、あなたにも見てほしい。大地、北に向かってピンクと黄色に染まる崖、早朝、ラベンダーの空に沈んでいく青白い満月……。目の前に広がるピンクと紫の丘、背が低くほっそりとして、くすんだ色のスギ、そしてこの開放感。本当に美しい世界なのです」

ガラガラヘビよけのフェンスに取り囲まれたランチョ・デ・ロス・ブロスは、1階建てのU字形をした建物で、壁はその地方でよく見られるプエブロ式のアドービ壁だった。大きなはめ殺しの窓もあり、岩層や緑の低木地、はるか向こうの青紫色の山々を一望できた。オキーフは家をシンプルに整えた。壁は白しっくい塗りで、数脚の椅子にベニヤの厚板で作ったテーブル、基本的な調理器具などやわずかな家具を置いていた。屋根に上がるための手彫りの木のはしごもあり、オ

上、P.137：ひと目見た瞬間、ゴーストランチの豊かな色彩と明るい光が、オキーフの心をつかんだ。

キーフはよく星空の下で眠った。暮らしぶりは質素で、ほとんど人に会わず、砂漠で岩や動物の骨、頭蓋骨、節くれだった枝などを拾ったりして過ごした。そして集めた物や周囲の風景を、緩やかな曲線や豊かな色彩、強い影とはっきりとした光を際立たせながら、何度も繰り返し描いた。家のどの窓からもすばらしい景色が望めたが、オキーフのお気に入りは頂上が平らになったセロ・ペデルナルで、広々とした中庭の真正面に見えた。オキーフはこの山を愛し、こう書いている。「あれは私だけの山。私のものだ。あの山をちゃんと描くのなら、私のものにしていいと神がおっしゃった」友人に宛てた手紙にはこうある。「……私のアドービのアトリエは、世界一美しい。大きな窓の外には、緑豊かなムラサキウマゴヤシの草原が広がっています。それからセージの茂み、さらにその向こうには、これ以上ないほど完璧な山があります。眺めていると、空を飛んでいるような気分になれるのです」

オキーフはランチョ・デ・ロス・ブロスを愛し、周囲の風景に刺激を受け、なめらかで、ほとんど抽象画に近い、独特の雰囲気が漂う作品を描いた。オキーフはこう振り返っている。「美しく、手つかずで、孤独を感じる場所。私が『遥か（Faraway）』と呼んでいる場所のいいところだ。私はそういう場所を描いていた……いまでも、また描くべきだと思っている」それでも、ランチョ・デ・ロス・ブロスは砂漠の中にあり、冬を過ごすには向いていなかった。オキーフは冬に過ごせる家と庭を求めていた。

別の家
DIFFERENT HOMES

オキーフはアビキューで、期待通りの家をもう一軒見つけていた。尾根に位置し、チャーマ・リバー・バレーの壮大な景色が一望できた。放棄され、人が住めなくなった460平方メートル（約5,000平方フィート）の農園屋敷で、もともとはカトリックの教会が所有していた。オキーフが最初に注目したのは、その中庭だった。のちにオキーフは回想している。「廃屋に上がり、中を歩き回ってみると、とてもかわいらしい井戸小屋と、水をくみ上げるバケツのあるパティオを見つけた。ちょうどいい広さのパティオで、長い壁に囲まれ、片側にドアがあった。そうしたドア付きの壁は、まさに私が求めていたものだった」所有地を売ってほしいと教会を説得するのに何年もかかったが、1945年、ついに念願が叶う。手に入れるとすぐに、オキーフは改修を始めた。それから4年間、建物の修復（実際の作業は友人のマリア・チャボットに頼んでいた）に立ち会った。オキーフはもともと夫の不倫に

P.138-139：明るく広々とした居間。
上：オキーフの家は、基本的にはアドービ壁の農園屋敷で、ネイティブアメリカンとスパニッシュコロニアルの建築様式が融合されている。オキーフは簡素に暮らし、窓からの眺めに飽きることはなかった。その風景の一つが、窓に映っている。
P.142-143：アビキューの「屋根なしの部屋」。

嫌気がさして、ニューメキシコに逃れたのだった。だが1946年、その夫が心臓発作に見舞われ、ほどなくして亡くなる。オキーフは最期まで夫に付き添い、遺産の整理のため、その後3年間はほとんどニューヨークで過ごした。1949年、ようやく自由の身となり、ニューメキシコに永住した。アビキューの家は冬を過ごす場所となり、夏のあいだは小さめのランチョ・デ・ロス・ブロスで暮らした。

オキーフはアビキューの家の豊かな庭で、訪れる客のために野菜を育てた。ネイティブアメリカンとスパニッシュコロニアルの様式に、現地の伝統建築が合わさった建物で、最も古い部屋はおそらく1744年に造られ、その後19世紀にアドービ壁の農園屋敷へと拡張された。共有の空き地プラスエラ（plazuela）を取り囲むように部屋が並んでいる。自然光をふんだんに取り入れた家で、最低限の、だが近代的な生活用品や家具を揃えていた。ゴーストランチの家と同じく、オキーフはこの家も岩や木、骨のコレクションでいっぱいにした。1984年まで暮らし、制作を続けた。だが加齢黄斑変性症で視力をほとんど失い、ゴーストランチとアビキューを行き来することができなくなったオキーフは、最終的にはサンタフェに移り、そこで98年の生涯を終えた。

「私にとって
（ゴーストランチは）
世界で最高の場所なのです」

ジョージア・オキーフ

OTTO DIX

Hemmenhofen, Germany

オットー・ディクス

ヘンメンホーフェン（ドイツ）

オットー・ディクス（1891-1969）は人生で何度も引っ越しを繰り返したが、40代だった1936年、ドイツとスイスの国境にあるコンスタンス湖を見渡せる家に家族とともに移った。戦争への批判と物議を呼ぶ作品でナチスの標的となり、1933年、ナチスが政権につくと、ディクスはドレスデン美術アカデミーの教授の職を解かれた。ナチスはディクスの作品をミュンヘンの退廃芸術展で展示し、のちに破壊している。

ナチス批判
NAZI NEGATIVITY

ディクスはドイツ東部に生まれ、1910年、美術を学ぶためドレスデンに移った。1914年に第一次世界大戦が勃発すると、ディクスは直ちにドイツ軍に入隊する。1915年、フランスの前線で塹壕の機関銃兵となった。鉄十字勲章を受章する戦いぶりで、何度も負傷している。そうした経験のなかで、ディクスは周囲で目にした恐怖の風景をスケッチした。戦後、ドレスデン美術アカデミーに戻って美術を学びながら、ドレスデン分離派の共同設立者となり、1921年にはベルリンとドレスデンで開かれた展覧会に出展。1922年にデュッセルドルフに移った。その翌年、マルタ・コフ（旧姓：リンドナー）と結婚。第一次世界大戦での悲惨な体験が心につきまとい、風景画や肖像画を描くのをやめ、肢体不自由の退役軍人や、ヌード、売春婦、ドイツの知的階層の有名人などを、ゆがんで、見る者を不安にさせるような、皮肉めいたイメージで描くようになる。ディクスの作品は性的暴力や殺人、残虐行為の場面を描き、不穏で、断固とした意志を感じさせた。

1920年代を通して、ディクスはドイツにおける前衛芸術の主要な展示会に多く出展し、表現主義から発展した「新即物主義（Neue Sachlichkeit）」の運動にもかかわった。マックス・ベックマンやジョージ・グロスらも含めた新即物主義の芸術家たちは、感情を排した絵画を創作したが、そうした作品はワイマール共和国時代のドイツ社会では厳しく批判された。1926年、ディクスはドレスデン美術アカデミーの教授となり、1931年にはベルリンのプロイセン芸術アカデミーの会員にも任命された。ドイツ各地の展覧会やニューヨーク近代美術館でもディクスの作品は展示され、その批判的な視点で広く知られるようになる。だが1933年、ナチスが権力を握ると、ディクスの作品は堕落していて、戦争に対する反感もナチスの信念を損なうものとみなされるようになる。その結果、ディクスはナチスの標的となり、教授職を解雇され、ドイツでの作品の展示を禁じられる。ナチスに作品を破壊されることを恐れて国内に留まったディクスは、公の場から姿を消し、家族とともにバーデン＝ヴュルテンベルクのコンスタンス湖の湖岸に引っ越した。

ディクスとマルタ、ネリー、ウルサス、ヤンの3人の子供たちは、1936年に居を移している。遺産相続により、マルタはヘンメンホーフェンにある、コンスタンス湖東部の丘の一等地を購入した。マルタとディクスは、ドレスデンの建築家に設計を依頼し、広々とした家を建てる。家は数か月で完成し、一家はすぐに引っ越した。

平穏と静けさ
PEACE AND TRANQUILLITY

ディクスとマルタによって建てられた美しい家は、木々に囲まれた穏やかな庭の奥にあり、正面玄関まで真っすぐな小道が続いている。

上：ドイツのテューリンゲン州のゲーラにある、オットー・ディクスの生家の食堂。
P.147：ヘンメンホーフェンの家の外観。

切り立った切妻屋根と大きな窓のある、3階建ての建物だった。当時としてはモダンで飾り気のない広々とした家で、光に満ちあふれていた。美しい金属の手すりのついたバルコニーが、家の裏側と側面をぐるっと取り囲み、そこからコンスタンス湖の壮大な景色が一望できる。家のほかの窓からも湖が見渡せ、花に囲まれた木のベンチやバルコニーの下の小道からは、湖の先に広がる穏やかな景色も堪能できた。1960年代、ディクスは友人たちと貯蔵室（家族は図書室として使っていた）の壁に壁画を描き、家のあちこちに『ダンサー アニタ・バーバーの肖像（Portrait of the Dancer Anita Berber）』(1925)や3連作『大都会（Großstadt）』(1927-28)、『死の勝利（The Triumph of Death）』(1934)といった自身の野心的な作品を展示していた。1階にはターコイズブルーとクリーム色でまとめたキッチン、黄色に塗られた食堂に居間、さらには音楽室もあり、そこでよくマルタが家族や友人にピアノを演奏した。蓄音機もあり、しょっちゅう音楽が響いていた。ディクスとマルタはとても社交的で、二人が開くパーティーは評判を呼び、客たちもよく家に泊まった。

幅の広い木の階段を上がると、そこは2階で、マルタは自分のサロンでくつろぎ、ディクスは家の東側にあるアトリエで制作にいそしんだ。かなり大きなアトリエで、（アトリエにしては）いつも片づいていた。ディクスは木のフロアの中央にイーゼルを立てていた。そこなら、二重ガラスの大きな窓からふんだんに光が降り注ぎ、冬の寒さや湖周辺に吹きすさぶ風をしのぐことができた。ディクスが制作しているあいだ、子供たちはよくアトリエで遊んでいたが、子供たちがはしゃぎすぎると、ディクスは外に追い出していた。ヘンメンホーフェンの家に暮らしているあいだ、ディクスの画風は劇的に変化し、風景や、より「柔らか」なテーマを描くようになった。たいてい朝はアトリエで過ごし、午後は野外で絵を描いた。1930年代中盤、ディクスはスイスに何度か旅行し、何度か展覧会にも出展している。

ナチス政府は、帝国内のすべての芸術家たちを帝国芸術院に強制的に加入させていた。ヘンメンホーフェンの家に移る2年前、ディクスも加入を余儀なくされ、面白味のない風景画だけを描くよう強要されていた。基本的にはそれに従っていたディクスだったが、ときにはナチ

上：ディクスの家とアトリエは、現在美術館となっている。
P.148：花に囲まれた木のベンチからは、湖の向こうの穏やかな景色を眺めることができる。

スを批判する寓話的な作品を描くこともあった。1939年、ディクスはヒトラー暗殺を企てたとして逮捕されるが、すぐに疑いは晴れ、釈放されている。第二次世界大戦の終盤、ディクスは国民突撃隊に徴兵される。敵国の軍事力に対抗する方策としてナチスが設立した国民軍で、16歳から60歳までの男性民間人で構成されていた。この従軍により、ディクスはフランス軍の捕虜となり、1946年まで戦争捕虜収容所に入れられていた。

　1955年、娘ネリーを亡くしたディクスとマルタは、孫娘のベティナを引き取って一緒に暮らした。ディクスは1969年に生涯を終えるまで創作に取り組み、ヘンメンホーフェンの家にも手を入れ続けた。家を包み込む平穏と静けさをディクスは愛したが、家はディクスを幸せにはしてくれなかった。

「美しい楽園だ。
美しすぎて
吐き気をもよおすほどだ。
私はこの景色の前に、
牛のように突っ立っている」

オットー・ディクス

JEAN COCTEAU

Milly-la-Forêt, France

ジャン・コクトー

ミリー＝ラ＝フォレ（フランス）

1947年、詩人で映像作家、デザイナー、芸術家のジャン・コクトー（1889-1963）は、1946年の映画『美女と野獣（La Belle et la Bête）』の成功によってともに名声を上げた俳優のジャン・マレーと二人で邸宅を購入した。それから亡くなるまで、コクトーはパリと、手に入れたノルマンディの家を行き来して過ごした。ノルマンディはコクトーにとって、都市の喧騒から逃れられる聖域のような場所だった。

並外れた創造力の持ち主だったジャン・コクトーは、文学、絵画、デッサン、演劇、映画などさまざまな芸術分野に取り組んだ。ダダやシュルレアリスムに強い影響を与え、小説や舞台演劇、映画などの作品でよく知られている。多種多様な表現様式を手がけたが、コクトー自身は自分のことを詩人だと言っていた。シュルレアリストのグループとは相容れない関係だったが、コクトーの作品は夢や無意識といったテーマを扱っている。

コクトーはフランス北部、パリ近郊の町メゾン＝ラフィットの裕福な家庭の末っ子として生まれた。法律家でアマチュア画家であった父親は、早くに退職し、まだ幼いコクトーにデッサンや絵画を教え、芸術や創作の才能を伸ばすよう後押しした。だがコクトーが9歳のとき、父親が自殺する。そのときから、コクトーと母親は固い絆で結ばれていたが、父親の死について話すことはなかったという。学校になじめず、自宅で個人授業を受けたコクトーは、18歳のとき、母親とイタリアに向かった。ベネツィアである青年と短い恋に落ちたが、サンタ・マリア・デッラ・サルーテ聖堂の階段でコクトーが別れを告げた一時間後、その青年はピストル自殺を遂げた。それから数か月後、コクトーは最初の詩集を出版した。

移動を繰り返す
MOVING AROUND

フランスに戻ったコクトーは、オテル・ビロンで暮らしはじめた。パリにあったロココ様式の建物で、彫刻家のオーギュスト・ロダンやアメリカ人ダンサーのイサドラ・ダンカンなども部屋を借りていた。そこに住んでいるあいだ、コクトーは男性、女性の両方と関係をもった。1910年、パリのアンジュー通りにあった母親のアパートに引っ越したコクトーは、雑誌『シェヘラザード（Scheherazade）』を創刊し、芸術家のピエール・ボナールやマリー・ローランサンらの寄稿者たちと知り合うきっかけとなった。当時、コクトーは小説家のマルセル・プルーストや小説家で詩人のアンナ・ド・ノアイユらと親しく付き合っていた。1909年5月、シャトレ座でロシアのバレエダンサー、ヴァーツラフ・ニジンスキーの演技を目にしたコクトーは、セルゲイ・ディアギレフと連絡を取り、『青神（The Blue God）』の台本を書くが、作品は酷評され大失敗に終わる。

1914年、第一次世界大戦が勃発し、コクトーも入隊するが、虚弱体質のため兵役を免除される。代わりに、出征する部隊のために農場から牛乳を集める仕事をし、その後は赤十字で救急車の運転手をしていた。1915年、技師として前線に出、後にその体験を小説『山師トマ（Thomas L'IMPOSTEUR）』（1923）に書いている。戦後はキュビスムに興味をもち、贈り物でピカソの気を引こうとした。最初ピカソはコクトーを無視したが、やがては友人、仲間となり、バレエ・リュスのバレエ『パラード』の舞台制作にともに取り組んだ。『パラード』は振付をレオニード・マシーン、音楽をエリック・サティ、一幕ものの舞台の台本をコクトーが、衣装とセットをピカソが担当している。

その後約20年にわたって、コクトーはアヘンに溺れるようになり、1928年、依存症の克服のため療養所に入るが、うまくいかなかった。そのころには、コクトーは詩人としての自信を失っていて、演劇や映画の脚本を多く手がけるようになった。1932年、ロシアの公女ナターリア・パヴロヴナ・パレと出会い、アヘン漬けの不倫関係に発展する。だが結局は、ナターリアが夫のもとに戻り、二人の関係は終わったのだった。

1937年、コクトーはジャン・マレーと出会い、親しく付き合うようになり、ときには恋人関係になった。5年後、仲たがいしたマレーと離れていたとき、ドイツ人建築家で彫刻家のアルノ・ブレーカーと友人になる。ナチス・ドイツの公共事業に携わり、アドルフ・ヒトラーのお抱え彫刻家であったブレーカーは、兵役を免除されていた。コクトーはブレーカーの作品を称賛する記事を書き、一方のブレーカーはナチ党を支持するようコクトーをたびたび説得していた。どちらも、パリの芸術家コミュニティで激しい怒りを買った。

雑多なインテリア
ECLECTIC INTERIOR

パリから南に約50キロ(31マイル)、フォンテーヌブローの森近くの村ミリー=ラ=フォレにあるコクトーの家は、16世紀、フランス国王アンリ4世の時代に建てられた。もともとは13世紀のラボンド城の一部で、敷地には堀と廃墟となった塔が残っている。家の周辺には庭と木々が茂る小さな公園がある。12部屋を有する家は、聖職者の住居として建てられたものだった。1947年、映画『美女と野獣』の成功により、一気に名声と富を手にしたコクトーとマレーは家と庭、公園の一部を購入した。コクトーはパリに本宅があり、そこを離れるための場所としてこの家を使っていた。当初はときおり訪れる程度だったが、俳優で芸術家のエドゥアール・デルミとの関係が始まってからは、長期間滞在するようになる。コクトーは後期の作品の多くをこの家で創作した。

1947年、コクトーとマレーは小道にほとんど隠れるようにしてたたずむ質素な家を初めて目にし、たちまち魅了された。静かでひっそりとして、パリの喧騒からも離れた場所にあり、コクトーはここなら仕事もはかどると考えた。友人で古美術商、国際的なインテリア・デザイナーでもあったマドレン・キャスタンのアドバイスに従い、コクトーは居間や寝室など、家のすべての部屋を、神話をテーマにした、お気に入りのバロック様式風の装飾でまとめている。自身のアイデアとキャスタンの専門知識を組み合わせ、コクトーはヒョウ柄のタペストリーや、スフィンクス、人魚や回転木馬といった変化に富む図柄を創作した。

家の中で最も重要な部屋となったのが、2階にあるコクトーの書斎である。コクトーは毎日、19世紀のゴシック・リバイバル様式の椅子に座り、窓際の書き物机に向かった。壁を写真や絵画、バイロン卿の胸像や、オセロを演じたオーソン・ウェルズのサイン、ピカソの写真、マネによるシャルル・ボードレールの肖像画、ジャン=ポール・サルトルやローマ教皇ピウス9世の合成写真などで飾っていた。マントルピースの上には、ローマ時代の小さな彫刻などの骨とう品が置かれていた。

コクトーは作家、俳優、芸術家、映画製作者、音楽家、貴族階級の人間など、さまざまな身分の友人や恋人たちから絶大な人気があった。彼らとコクトーは、パリや海外、さらにはミリーのコクトーの家に集った。ラボンド城の堀の一部がある庭では、しばしば夏の夜会が開かれた。毎月のように草花が咲き乱れ、果物が育っていた。コクトーは動物を愛し、とくに猫が好きで、家の中でたくさんの猫を飼っていた。

「私が猫好きなのは、
家で過ごすのが楽しいからだ。
少しずつ、猫たちは
この家の目に見える
魂になっていく」

ジャン・コクトー

上:コクトーはミリーを都会の喧騒から逃れる「避難所」だと言っていた。
「ここで僕は、パリで夢見ていた、古き良き田舎の風景を見つけるんだ――きっとまたそうなるだろうが、パリにいると、ここに飛んできたくてたまらなくなる」

上、P.156：どの家具も居心地のよさを重視して選ばれていた。
コクトーの選んだ家具や置物は、柄物の壁紙と融合し、
豊かな多様性を感じさせる。

RENÉ MAGRITTE

Brussels, Belgium

ルネ・マグリット
ブリュッセル（ベルギー）

ベルギーのシュルレアリスト芸術家ルネ・マグリット（1898-1967）と妻ジョルジェットは、人生の多くの時間をブリュッセルのエスゲム通り135番地の家で過ごした。マグリット夫妻は細長い5階建てのテラス・ハウスの1階のアパートを借りていて、入口は通りに面していた。

誰よりも模倣されたシュルレアリストともいえるルネ・マグリットは、謎めいた、示唆に富む絵を創造したことで有名になった。ありふれたものを予期せぬ場面に描き、見る者の現実に対する固定観念を打ち破ろうとした。マグリットの作品はさまざまな芸術家やポップ・アート、コンセプチュアル・アートなどの美術運動に影響を与えた。

マグリットは、広告や本のデザインを制作する商業芸術家として長く働いたのち、シュルレアリストの画家として成功をおさめた。これといった特徴のない部屋でひっそりと暮らしながら、自画像ともとれる山高帽をかぶった男を描いた。多くの芸術家たちが画風や画法の変化を試みた一方で、マグリットは画家としての人生を通して、感情をおさえた写実的なスタイルにこだわった。言葉とイメージの関係に魅了され、絵の中で合理と非合理、両方の思想を表現しようとした。

シュルレアリスム運動
THE SURREALIST MOVEMENT

裕福な家庭に、3人兄弟の長男として生まれたマグリットだったが、13歳の時、長くうつ病を患っていた母親が自殺する。4年後、マグリットはブリュッセル王立美術アカデミーに入学し、絵画を学んだ。1921年に兵役義務を果たし、翌年、幼なじみの恋人ジョルジェット・ベルジェと結婚。最初は壁紙工場の製図工として働き、その後デザイナーとなり、ポスターや広告を制作していた。1925年ごろ、ジョルジョ・デ・キリコの作品を目にし、シュルレアリスムの画風に取り組みはじめたが、1927年にブリュッセルで開いた個展は批評家たちには相手にされず、マグリットはパリに移る。そこでアンドレ・ブルトンと知り合い、シュルレアリストたちのグループとかかわるようになった。3年間パリに留まり、グループの中心メンバーとなり、絵画に言葉や言語を取り入れる試みに着手する。1929年、パリでサルバドール・ダリ、ジャン・アルプ、デ・キリコ、マックス・エルンスト、ジョアン・ミロ、ピカソ、フランシス・ピカビア、イヴ・タンギーらと展覧会を開いた。

マグリットは1930年にはブリュッセルに戻り、ふたたび商業広告の仕事をするようになった。このとき、マグリットとジョルジェットは新しい家に移っている。ブリュッセル郊外にある、小さな裏庭付きのアパートだった。マグリットはキッチン（いちばん温かい部屋だった）か食堂で作品を制作していた。1933年、マグリットは裏庭に専用のアトリエを建てる。1930年代後半、イギリスの詩人エドワード・ジェームズら国際的な収集家たちがマグリットの作品を購入するようになり、経済的な余裕ができた。1937年、ジェームズの招きで彼のロンドンの邸宅に3か月滞在し、ジェームズのために数点の作品を制作している。滞在中、マグリットはこう書いている。「ロンドンは驚くべき場所だ。もちろん、まだまだ見るべきものはある。だがいまのところ、すべてが完璧だ」

1936年、マグリットは若いパフォーマンス・アーティストと浮気をするようになる。ジョルジェットを楽しませて、自分の浮気から気をそらせてほしいと友人に頼んだところ、ジョルジェットとその友人が不倫関係になってしまう。マグリットとジョルジェットが和解したのは

1940年だった。そのころまでには、マグリットは商業広告の仕事をほとんどしなくても済むようになっていたが、第二次世界大戦が勃発する。マグリットはこう書き残している。「シュルレアリスムはあらゆるものに問題を提起するため、混乱と恐慌の感覚を引き起こそうとしたが、ナチスの間抜けどものほうがよほど成果を上げている……。世間に広まる悲観主義に対抗するため、楽しみや喜びを追求することを私は提案する」1946年、ブルトンと袂を分かったマグリットは、「陽光に満ちたシュルレアリスム(Surrealism in Full Sunlight)」と題した宣言文を書いた。マグリットは新たな画風に取り組んだが、人気は得られず、1950年代の終わりには、以前のような独特の画風と主題に立ち返っている。人生の終盤には、マグリットは名声と称賛を獲得し、ひじょうに成功した画家となった。

ブリュッセル
BRUSSELS

1930年から1954年までの24年間、マグリットとジョルジェットは、ブリュッセルのジェットにあるエスゲム通り135番地の1階を借りていた。パリの郊外で3年暮らしたあと、1925年に建てられたこの家に引っ越したのだった。住み始めた当初は浴室がなく、マグリットは新たに設置している。マグリット夫妻は普段から質素な生活を送っていた。マグリットは自分の作品に見合う色彩で部屋を装飾し、居間やキッチンの壁は、マグリットの多くの作品の背景色と調和する青や明るい緑色でまとめられていた。じゅうたんの敷かれた寄木張りの床は、古いベルギーの家によく見られる伝統的な方法で染色されていた。このアパートでマグリットは何百点もの作品を制作したが、暖炉や家具、窓、階段、ファサードといった家の一部や、家の中にある物を描くこともあった。マグリット夫妻に子供はなく、いつも犬を飼っていた。マグリットは友人をもてなし、仲間の芸術家やブリュッセルのシュルレアリスト・グループのメンバーがよくマグリットのアパートに集まり、思想や美について議論を交わした。マグリットの部屋は、ベルギーのシュルレアリストたちの活動本部だった。

1954年、名声の高まりを受けて、マグリットとジョルジェットはスカールベークのランベルモン通りにあるもっと広いアパートに引っ越している。スカールベークはそれまで暮らしていたのとは別の地区で、マグリット夫妻は自分たちの社会的地位をより反映する場所だと考えたのだった。

「私たちは、
カーテンに覆われている。
この世界を、見せかけという
カーテンの裏から
見ているに過ぎない。
その一方で、そもそも物体が
認識されるためには、
何かに覆われる必要があるのだ」

ルネ・マグリット

上、P.164-165:マグリット邸の居間の壁は、マグリットが絵画によく用いていたコバルトブルーでまとめられている。

LEE MILLER AND ROLAND PENROSE

East Sussex, UK

リー・ミラー&ローランド・ペンローズ
イースト・サセックス（イギリス）

アメリカ人ファッション・モデルで写真家になったリー・ミラー（1907-77）と、イギリス人クエーカー教徒でシュルレアリスムの画家、美術収集家となったローランド・ペンローズ（1900-84）は、その観察眼によってモダンアートに影響をおよぼし、互いにインスピレーションを与えあった。1949年、二人はイースト・サセックスのチディングリーに住居を構え、そこで現代アートを収集し、当時の前衛芸術家たちをもてなしていた。

ミラーとペンローズ
MILLER AND PENROSE

ニューヨークでの子供時代、リー・ミラーは父親から写真について学んだ。幸せな時間を過ごしていたが、7歳のときに家族の友人だった人物にレイプされ、淋病をうつされてしまう。当時、淋病の治療といえば、体に負担のかかる、痛みと恥ずかしさを伴うものだった。深く心が傷ついたミラーは、学校になじめず、のちにうつ病とアルコール依存症を患うことになる。19歳のときに家を出てモデルを始め、マンハッタンのアート・スチューデンツ・リーグに入学し、デッサンと絵画を勉強した。その年の冬、雑誌『ヴォーグ（Vogue）』のモデルになるが、しばらくしてニューヨークを離れ、パリに向かった。

フランスの首都でミラーはアメリカ人芸術家マン・レイの弟子、ミューズ、そして愛人となる。3年間ともに暮らし、レイはミラーに写真術を教え、二人で「ソラリゼーション」という、写真のネガ部分とポジ部分を反転させる技法を確立した。パリにいるあいだ、ミラーは詩人でシュルレアリスム運動の共同創始者ポール・エリュアールやマックス・エルンスト、ピカソ、ジョアン・ミロ、ジャン・コクトーら、美術界や文学界の前衛芸術家たちと交流を深めた。1932年、ミラーはマン・レイのもとを去り、アメリカに帰国した。

ニューヨークに戻ったミラーは、モデルの仕事に戻ると同時に、弟と写真スタジオを開業。『ヴォーグ』誌や広告用にシュルレアリスム・スタイルの写真や絵を制作した。結婚もしたが、イギリス人のシュルレアリスト、ローランド・ペンローズと出会い、恋に落ちる。ミラーとペンローズはともに旅行し、ヨーロッパ中の著名な芸術家たちを訪問する。ミラーは夫のもとを去り、ペンローズとロンドンに移った。そして1940年から41年にかけて、ロンドン大空襲（ザ・ブリッツ）とその後のロンドンの街を撮影する。『ヴォーグ』誌の従軍記者となり、軍隊やパリ解放、サン=マロでの戦い、ノルマンディの野戦病院、1945年のダッハウ強制収容所とブーヘンヴァルト強制収容所の解放などの場面を撮影した。ミラーの写真は、ホロコーストの最初の記録写真の一枚となった。

うつ病と、現在でいうところの心的外傷後ストレス障害に苦しんだミラーだったが、第二次世界大戦終戦後の1947年、40歳のときにペンローズと結婚し、息子アントニーを出産する。2年後、ミラーとペンローズはイギリス南部にファーリーズ・ハウスを購入し、残りの人生を

上：30年近く、リー・ミラーとローランド・ペンローズは、イースト・サセックスの田舎にある赤レンガの家ファーリーズ・ハウスで暮らした。現代アートのコレクションで飾り立てた家で、友人たちをもてなした。訪問客には、20世紀の芸術界の中心人物もいた。

そこで暮らした。イギリス海峡の両側から訪れる著名な作家や芸術家の友人たちをもてなすのに、ミラーはしばしば「シュルレアリスト」風の料理をふるまった。ニンジンとタマネギ、バター飾りをのせたタラのグリル「ゴールドフィッシュ」や、スライスしたオレンジをオレンジブロッサム・ウォーター、クレーム・ド・カシス、グレナディンに漬け込み、砂糖漬けのスミレで飾った「ペルシャ絨毯」などもその一皿である。

サー・ローランド・ペンローズCBEは、イギリスの芸術家、歴史家で、詩人でもあった。ハートフォードシャー州ワトフォードの厳格なクエーカー教徒の家庭で育ち、高い教育を受けた。1918年8月、第一次世界大戦の良心的兵役拒否者として友愛救護隊（Friends' Ambulance Unit）に加わり、イギリス赤十字社とともに奉仕活動にあたった。ケンブリッジ大学クイーンズ・カレッジで建築学を学び、フランスに移り、キュビスムの画家アンドレ・ロートやフォーヴィスムの画家エミール=オトン・フリエスらとともに絵画を学ぶ。1925年、最初の妻と結婚するが、1934年には別居し、3年後に離婚している。ペンローズはピカソやエルンストととくに親しかった。1936年にイギリスのシュルレアリスト・グループを結成し、現代美術の中心的な推進者、収集家となる。1937年にミラーと出会い、恋愛関係となり、ともにヨーロッパを周遊する。ミラーは写真を撮影し、のちに二人は詩を共作している。

クエーカー教徒であったペンローズは平和主義者だったが、第二次世界大戦中は空襲警備員に自ら志願し、のちにイギリス陸軍工兵隊の隊長となる。ナチス・ドイツ占領下の国々からイギリスへと、芸術家たちの安全な避難路を確保するための芸術家亡命委員会にも加わった。戦争が終結すると、1946年にペンローズはロンドンのギャラリーを再開し、インスティテュート・オブ・コンテンポラリー・アーツ（ICA）を設立する。1960年、大英帝国勲章第3位（CBE）を受章し、1966年、視覚芸術への貢献によりナイト爵に叙された。

ファーリーズ・ハウス
FARLEYS HOUSE

ペンローズ夫妻は、ロンドンから鉄道の便もいいマドルズ・グリーンと呼ばれる集落に、緑豊かなサセックスの田舎にひっそりとたたずむ農園屋敷を見つけた。クイーン・アン様式のファサードをもつ、ジョージ王朝時代の建物で、周囲を野原や離れに囲まれていた。二人はこの屋敷と、周辺の農地、小屋、納屋、豚舎や牛小屋を合わせて購入する。広大な敷地からは、サウス・ダウンズの芝生に彫られた「ウィルミントンのロングマン」の名で知られる先史時代の地上絵を眺めることができた。ロンドンのアパートをそのままにしておき、最初

上：壁を淡いピンク色にまとめた居間のソファーの背後に、ペンローズの作品
『ファースト・ビュー（First View）』(1947) がかけられている。
P.171：ファーリーズ・ハウスの食堂の暖炉。

上：鮮やかな色の壁を背景に、ミラーとペンローズは自分たちや友人たちの作品で家を飾った。
P.172：廊下に置かれたテーブル。フィリップ・ヒキリーの彫刻が置かれている。

の数年は、アントニーと乳母をファーリーズ・ハウスに残して、ミラーとペンローズは平日をロンドンで過ごし、金曜の午後になると車に家具や美術品を積み込んでファームに戻っていた。エルンストやミロ、マン・レイ、レオノーラ・キャリントンやドロテア・タニング、アイリーン・エイガー、ケネス・アーミテージ、リチャード・ハミルトンやピカソなど訪問客が一緒のときもあった。彼らは1950年にファーリーズ・ハウスに滞在し、ゲスト帳を生き生きとした絵で埋め尽くしている。客を迎えているあいだも、屋敷の改修、修繕、改築は続けられていた。そして20世紀の美術界や文学界の大物たちが頻繁に集う場所となり、ミラーとペンローズは自分たちの作品だけでなく、友人たちの作品の膨大なコレクション、のちには息子アントニーの作品である彫刻で家を飾った。アントニーは納屋の一つを新進気鋭の芸術家や地域の芸術家のためのギャラリーに改装し、敷地に彫刻庭園もつくっている。

家の中に目を向けると、時代や様式の異なる、多種多様な装飾がほどこされた部屋が、長い通路で結ばれている。家のすぐ外は庭と果樹園で、ペンローズは離れをアトリエと暗室に改築した。部屋の中にはゆったりとした快適な家具が並び、壁には明るい色が塗られた。

ミラーの書斎はターコイズ、居間はピンクでまとめ、窓際には濃いピンクのクッションを添えた。食堂は明るい黄色で、壁にはペンローズが星や惑星に囲まれたウィルミントンのロングマンを描いている。ミラーは立派な菜園を作り、自分で育てた野菜を使ってさまざまな国の料理に挑戦した。料理本の執筆や編集も始めたが、完成することはなかった。

家のあちこちに、普通なら捨ててしまうような物の中に埋もれるようにして、価値のある貴重なものが置かれていた。テーブルの上や食器棚、戸棚の中には、置物や写真、中古品の店で買ったがらくたと一緒に、ピカソの陶器やマン・レイのチェス盤など友人たちの作ったもの、貝殻やチンパンジーの頭蓋骨、乾いたモグラ塚、ミイラ化したネズミといった「ファウンド・オブジェクト」がところ狭しと並んでいた。

1970年代後半、ミラーはファーリーズ・ハウスで亡くなった。1980年、ペンローズは軽い脳卒中を起こし、1984年にふたたび発作に襲われたが、体が不自由になるほどの深刻なもので、それ以降、執筆はできなくなった。ペンローズは最後の数か月を、ファーリーズで絵葉書のコラージュを作って過ごした。

SALVADOR DALÍ

Portlligat, Spain

サルバドール・ダリ

ポルト・リガト（スペイン）

1930年、サルバドール・ダリ（1904-89）はカダケス（スペインの自治体）の海岸コスタ・ブラバにある漁師小屋に家を構えた。周囲の風景や明るい太陽の光、人里離れた環境に心を引かれたのだった。40年以上かけて、ダリは近隣の小屋を次々と買い入れ、自分だけの大邸宅を作りあげた。

芸術家としての長いキャリアを通して、ダリは絵画、彫刻、版画、ファッション、広告、映画（ルイス・ブニュエルやアルフレッド・ヒッチコックらと共作もしている）を創作した。派手な性格、挑発的で露骨な自己アピール、そして芸術家としての高い技術で広くその名を知られるダリは、エロチシズム、死と腐敗などのテーマを用い、夢や幻覚を描いた。自伝的な要素や子供時代の記憶を作品に取り入れ、性的執着、宗教、郷愁、神話や時間に対するこだわりを暗示する、独自のきわめて象徴的な作風を確立した。

斬新で挑戦的
OUTRAGEOUS AND CONFRONTATIONAL

20世紀初頭、バルセロナ郊外の小さな町フィゲラスの裕福な中産階級の家庭にダリは生まれた。自分と同じサルバドールと名づけられた兄が、2歳にもならないうちに亡くなっている。この亡き兄の生まれ変わりだと言われ続けたことが、成長とともにダリの問題行動が増えた要因かもしれない。両親は芸術に興味をもった息子を後押しし、ダリは10歳のときから絵画のレッスンを受けていた。10代後半のとき、母親が若くして亡くなる。その後ダリはマドリード美術学校に入学し、奇抜で派手、挑発的な性格を示しはじめる。髪を長く伸ばし、膝丈のズボンをはくなど、19世紀イギリスの耽美主義者のような服装をしていた。歯に衣着せぬ、自信たっぷりの物言いで注目を集め、当時、流行の最先端を行っていた芸術家や知識人たちとも交流するようになる。教授を侮辱したこともあったダリは、1926年、卒業を前にした期末試験の途中に退学処分を受ける。それから数か月後、ダリはパリに向かった。ピカソを訪ねたダリは、キュビスムや未来派に刺激を受ける。また、ジークムント・フロイトの精神分析論やジョルジョ・デ・キリコの芸術についても学び、潜在意識をテーマにした絵を描きはじめ、奇妙な現実を表現し、見る者の認識を変えようと試みた。

1929年、ダリはブニュエルと共同で短編映画『アンダルシアの犬（Un Chien Andalou）』を制作する。性的、政治的なイメージを用い、不気味なこだわりを表現した作品で、一般観衆と批評家たちのあいだで激しい物議を醸した。シュルレアリストの詩人でシュルレアリスム運動の創始者の一人でもあるポール・エリュアールとその妻ガラが、ルネとジョルジェットのマグリット夫妻とともにダリを訪れた。それからすぐに、ダリはパリに移り、シュルレアリストのグループに加わっている。ダリとガラは関係をもつようになり、ガラは最終的にエリュアールと離婚した。ガラはダリの生涯のパートナー、ミューズ、仕事のマネージャー、そして妻となった。

ダリは自分の絵画の手法を「偏執狂的批判的方法（Paranoiac-Critical Method）」と呼んでいた。顕在意識を抑圧し、自己誘導によって妄想状態をつくり出し、直感に導かれて作品を描くというものだった。ダリによると、この方法によって描かれた絵は、幻覚を起こしているあいだに見たものを具現化した、いわば「夢を手描きした写真」なのだという。ダリの作品は人気を呼び、成功をおさめるが、父親は息子の型破りな芸術への取り組みと、10歳年上の既婚女性との関係を認

上:ポルト・リガトの家の図書室。
P.177:ダリの家の屋根に置かれた、卵の形をした雪花石こうの彫刻。

めなかった。1929年、バルセロナの新聞に「ときどき面白半分に、母の写真に唾を吐くんだ」という言葉が紹介されたとき、ダリの父親はついに愛想をつかし、息子を勘当した。

自分の家を建てる
BUILDING HIS HOME

　行くあてもないダリとガラは、ポルト・リガトの入り江にあった小さな漁師小屋を借り、その後、持ち主のリディア・ノグエラから買い取っている。もともとノグエラの息子が釣り道具を保管するために使っていた小屋で、屋根はひどい状態だった。ダリは、二つの小屋を合わせてちゃんとした家に改築しようと、近くの別の小屋を買い入れている。家のことを、ダリは自伝でこう語っている。「僕たちの小さな家は、食堂と寝室、アトリエと玄関を備えた、4平方メートルくらいの家になるだろう。階段を何段か上がると、そこにはドアが3つあって、どうにかもぐり込めるくらいの狭いスペースに、シャワーとトイレ、キッチンがある。僕はすべてをとても小さくしたいんだ。小さければ小さいほど、子宮みたいになる」

　だが結局、家はより野心的なものになった。1932年、ダリは2軒の小屋を改装し、最終的にはエントランスと食堂、作業場、寝室、浴室と別館のある大邸宅になった。1934年、5年の同棲生活を経て、ダリとガラは民事婚で結婚し、1958年、モントレジックのピレネー集落でカトリック式の結婚式を挙げた。二人が結婚した1934年、ダリはシュルレアリスト・グループから除名されている。共産主義やファシズム、フランコ将軍に対し、ダリがほかのメンバーと相反する思想を抱いていたからであった。追放を受けて、ダリは「僕自身がシュルレアリスムだ」と宣言している。

　ダリはポルト・リガトを創作に完璧な場所だと振り返っている。そこには穏やかで、孤独で、息をのむような景色が広がっていた。周囲にはいくつか漁師小屋があるだけだった。装飾や家具はガラが選んだ。電気が通っていなかったため、パリからガスランプを持ってこなければならず、荷物もロバで運んだ。夏はポルト・リガトで過ごし、

上、P.180：ポルト・リガトのダリの家は、もともと小さな漁師小屋だった。
それをダリは大邸宅に改装し、そこで暮らし、創作活動を行った。

上：ポルト・リガロの家は拡大を続け、ダリはこの奇妙なデザインの家にプールも設置している。

冬はニューヨークやパリのホテルで暮らした。1935年、自分の設計にそって家をさらに大きくしようと、ダリは地元の建築業者エミリ・プイグナウを雇う。だが1936年、スペイン内戦が勃発し、ダリとガラはアメリカに移住し、12年間ポルト・リガトに戻らなかった。戻ってから二人は別の小屋も購入し、1949年、図書室と居間に改装する。すぐにもう3軒が買い増され、キッチン、新たなアトリエ、寝室、塔、半球型の部屋が加わった。家は拡張を続け、改築は最終的に40年以上におよんだ。ダリはこう回想している。「まさに本物の生き物のような構造なんだ……僕たちの人生の新たな鼓動のそれぞれが、新たな個室、部屋となった。その結果、出来上がったのが、いまの迷路のような構造だ……狭い廊下や、ちょっとした高低差、目立たない通路で結びついた、ひとつづきの空間へと広がっている」

外の階段と呼応するように、家は階段状の構造になっていて、壁にはすべて白しっくいが塗られている。中には新たなアトリエと、ハト小屋、プール（1971年夏に完成）があった。すべての部屋に、形や大きさが異なる窓があり、そこからポルト・リガト湾のさまざまな表情を眺めることができる。ダリは、愛する妻ガラが亡くなる1982年までこの家で暮らし、その後は妻への贈り物であり、亡骸が埋葬されているプボル城に移ったのだった。

「（ポルト・リガトには）地質的な平穏がある。この地球上では類のない場所だ」

サルバドール・ダリ

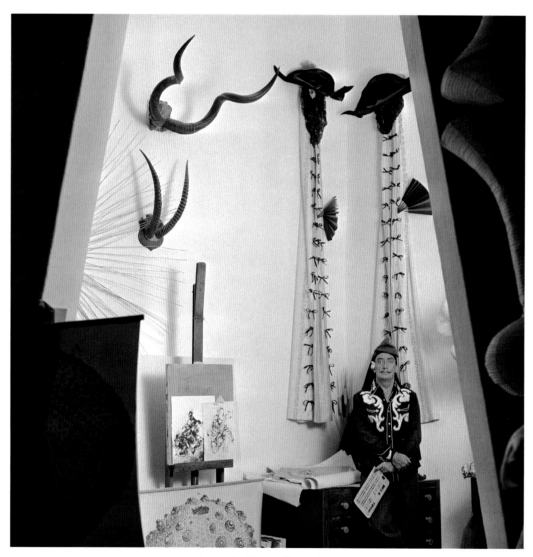

上：家でくつろぐサルバドール・ダリ。
P.183：ダリと、生涯の伴侶でミューズでもあるガラ。

BARBARA HEPWORTH

St Ives, Cornwall, UK

バーバラ・ヘップワース
セント・アイヴス（イギリス、コーンウォール）

　女性芸術家が珍しかった時代に、彫刻家として世界的な評価を獲得したことでも知られるバーバラ・ヘップワース（1903-75）は、独自の革新的な発想で、三次元アートの方向性を変える一役を担った。1949年、ヘップワースはコーンウォールのセント・アイヴスにアトリエと彫刻庭園をつくり、残りの人生をそこで暮らし、制作を行った。

　ヨークシャーのウェイクフィールドで生まれたバーバラ・ヘップワースは、ウェスト・ライディングで育った。ヘップワースによると、「（ウェスト・ライディングの）丘は彫刻で、道は造形に見えた」という。ウェイクフィールド女子高等学校を卒業後、リーズ美術学校、さらにはロンドンのロイヤル・カレッジ・オブ・アートで彫刻を学んだ。両校でヘンリー・ムーアと同窓になり、友情とライバル関係は生涯続いた。

　イタリアで大理石の彫刻技術を学んだヘップワースは、彫刻家のジョン・スキーピングと出会い、結婚する。二人はロンドンで生活し、1929年には息子ポールが生まれた。その2年後、ヘップワースは初めて穴の開いた彫刻を制作し、画家でやはり既婚者のベン・ニコルソンと不倫関係になる。ヘップワースはスキーピングと離婚し、1938年、ニコルソンと再婚した。二人はパリに何度か旅し、ピカソやコンスタンティン・ブランクーシ、ジャン・アルプらのアトリエを訪ねた。1934年、ヘップワースはレイチェル、サラ、サイモンの三つ子を産む。芸術家としての仕事を続けながら、子供を育て上げた。ヘップワースはこう語っている。「料理をし、子供をもち、はしかにかかった子供（それが三つ子であっても）を看病することは、女性芸術家の道を閉ざすものではない——この豊かな生活は、むしろ女性芸術家を成長させてくれる。たとえ半時間でも、日々創作を行っていれば、イメージは頭の中で膨らんでいく」

コミュニティの雰囲気
A SENSE OF COMMUNITY

　第二次世界大戦の開戦が迫る1939年、ヘップワースとニコルソンは、美術評論家エイドリアン・ストークスの招きでイギリス南西部のセント・アイヴスに滞在した。二人は、ロンドンよりもコーンウォールのほうが、幼い子供をもつ家族には安全だと考え、戦争が終わるまでそこに住むことを決めた。最初はストークスの家にいたが、しばらくして近くのコテージを借りた。だがそこは狭く、住みづらかった。ヘップワースにとって楽しい体験とはいえなかったが、生まれ育ったウェスト・ライディングがそうだったように、小さな海辺の町とコーンウォールの田舎にインスピレーションを得て、周囲の風景と呼応する、より自然な造形の作品を創作するようになる。戦後、ロンドンに戻らないことを選んだヘップワースは、1949年、家とアトリエを購入する。セント・アイヴスのバーヌーン・ヒルにある「トレウィン・スタジオ」である。ヘップワースにとって、そこは理想的な環境だった。競売で地所を購入した翌日、友人にこう書いている。「静かで人けもない、こんな完璧な場所で彫刻するのは、さぞ楽しいことでしょう——中庭や庭は背の高い木々と屋根に守られていて、ほぼ一年中、外で制作ができるのです」

　岩だらけの海岸線と先史時代からの歴史をもつ、「粗野で魅惑的な田舎」であるウェスト・ペンウィズは、ヘップワースに強い印象を与えた。最初から、子供時代を過ごしたヨークシャーの風景とこのコーンウォールの土地には、多くの共通点があると気づいていた。コミュニティの雰囲気も、ヘップワースは気に入った。友人や芸術家仲間、作家、音楽家たちがヘップワースのもとを訪れると、町の人々もそれを快く受け入れた。ヘップワースは1953年、友人の作曲家マイケル・ティペットやプリオール・レーニエらと共同で「セント・アイヴス・フェスティバル」を創立する。女王エリザベス二世の即位により、2度めのエリザベス時代を迎えたことを祝した、音楽、演劇、視覚芸術の祭典だった。1954年には、町をさまざまな方法で保護することを目指した「セント・アイヴス・トラスト」の設立にも力を注いだ。1953年、イギリス空軍に所属していた息子ポールが、飛行機事故によりタイで命を落とすと、ヘップワースは地域の教会に『聖母子（Madonna and Child）』

上、P.187：バーバラ・ヘップワースのコーンウォールのアトリエ。

(1954)を制作する。また『上昇する形（Ascending Form〈Gloria〉）』(1958)をロングストーン墓地に、『複合する形（Dual Form）』(1965)をギルドホールに、『魔法の石との対話（Conversation with Magic Stones）』(1973)をペンウィズ・ギャラリーに寄贈している。ヘップワースはペンウィズ芸術協会の創立メンバーであり、30年近くにわたって活動にかかわり続けた。

1968年、彫刻家としての国際的な貢献が認められ、ヘップワースはセント・アイヴス名誉市民の称号を授与される。受章の際のスピーチで、ヘップワースはセント・アイヴスを「精神的な故郷」だと述べている。そして1971年の著書『絵画的自伝（A Pictorial Autobiography）』の中では、こう書いている。「海に囲まれたこの町は、自然のままの光を浴び、地平線へと水平に消えていく海は、青やグレー、緑、ピンクにも見える、数えきれないほどの不思議な色彩を放つ力を内に秘めている」

トレウィン・スタジオ
TREWYN STUDIO

ヘップワースは、トレウィン・スタジオで26年間暮らし、制作に取り組んだ。セント・アイヴスの急で狭い坂道に建ち、高い壁に囲まれた、2階建ての小さな石造りの家だった。1949年に家を購入した当初、ヘップワースは下の階を貯蔵庫として使い、木工の作業場にしていた上の階にははしごで上がっていた。1950年、ニコルソンと別居したヘップワースは、この家に移り住んだ。下の階をキッチン兼食堂と浴室に改装し、階段を新たに増築した。上の階は引き続き木工の作業場として使っていたが、ベッドや快適な日常生活を送るために必要なものを運び込んだ。1951年、ニコルソンと離婚する。ポールは成人し、三つ子は寄宿学校にいたため、子供たちと一緒に暮らす必要はなかった。ヘップワースは上階の部屋と大きな納屋、庭の温室を作業場に使っていた。庭からは海岸と海のすばらしい景色を眺めることができた。

ヘップワースの彫刻に対する考え方は複雑で多様性に富み、その多くが自然をテーマとし、周囲のセント・アイヴスの環境に呼応したものだった。素材の持つ物質的な特徴や性質を敏感にとらえ、さまざまな素材を使い、作品の最終的な形状をその素材にゆだねた。彫刻において「存在」と「不在」の両方を追求したヘップワースの手法は独創的だった。「私の彫刻はすべて、風景から生まれたものだ」という彼女の言葉からも、作品と環境の関係を意識していたことがうかがえる。

> 「コーンウォールの風景と海景に、私はひじょうに多くのインスピレーションを得ている」
>
> バーバラ・ヘップワース

上、P.191：ヘップワースの作業場の様子。

MASANARI MURAI

Tokyo, Japan

村井正誠
東京（日本）

日本の抽象絵画の草分けである村井正誠(1905-99)は、4年間フランスに暮らし、制作を行っていたこともあり、自らをMurai Maçanariと称することもあった。人生の後半は東京の世田谷区にある木造のアトリエを拠点とし、絵画や版画を制作した。

村井は岐阜県大垣市に生まれ、和歌山県新宮市で育った。青年時代、東京の文化学院で有島生馬や石井柏亭といった芸術家らの教えを受け、絵画を学んだ。卒業後、風景画家としての腕を磨こうとヨーロッパに渡り、ルネサンス芸術や、デ・ステイル（De Stijl）やシュプレマティスムといった現代的な芸術運動に魅了される。4年におよぶヨーロッパ滞在期間のほとんどをフランスで過ごした村井は、アンデパンダン展にも出品している。抽象芸術から受けた影響は大きく、ありのままに描いていた風景画を単純化し、より大胆な配色を用いるようになった。

抽象芸術
ABSTRACT ART

ヨーロッパで思想や作風をさらに発展させた村井は、1932年に帰国した。日本における抽象芸術家の第一人者となり、展覧会の主催や美術学生の教育に精力的に取り組んだ。東京で山口薫、矢橋六郎、長谷川三郎、瑛九（Ei-Q）、浜口陽三らと新時代洋画展を結成し、毎月展覧会を開いた。1937年、抽象絵画や前衛芸術の推進を目指した自由美術家協会の創立に携わる。だが村井は、1950年に協会から離れ、山口、矢橋らとモダンアート協会を設立。その3年後、創作版画の先駆者だった恩地孝四郎らと、日本アブストラクトアートクラブの創始メンバーとなった。

第二次世界大戦前や戦中において、西洋に由来するものだとみなされた抽象芸術は人気を失っていたが、1940年代後半以降、ふたたび大衆に受け入れられるようになる。当時、村井は文化学院で教鞭をとりながら、自身の作品をより手に取りやすくし、多くの学生たちに分け与えることができるよう、版画の制作も行っていた。木版、リトグラフ、シルクスクリーンなどの手法を用いたが、それらは抽象画との相性もよかった。日本の伝統にしたがい、村井は木版の下彫りなどの準備は手がけたが、残りの工程は本職の職人に任せていた。1960年代以降、村井はモノクロームといえるような作品を制作したが、1965年以降は豊かな色彩と洗練されたフォルムで画面を構成するようになる。やがて作品のサイズもそのスケールを増していき、壁画や陶器の制作も行った。村井が追求した重要なテーマの一つが、「人間とは何か」という問題だった。人間の特性を色とかたちで表現しながら、感情や個性といった個人的で独特な姿を象徴した。たとえば、四角形と垂直線の組み合わせは安定感や不変性を、傾いた形や角張った形は不安定さを感じさせる。だが、そうしたシンボルは固定されたものではなく、村井は、どう受け止めるかは鑑賞者自身が決めるべきであり、作品の見方は自由であるべきだと考えていた。

上：隈研吾設計による、村井正誠記念美術館の外観。村井のアトリエの一部を利用して建築された。村井の愛車だったトヨタの車が置かれている。

美術館
THE MUSEUM

　芸術家人生を通じ、村井はきわめて高い評価を受け、第5回現代日本美術展最優秀賞や第3回東京国際版画ビエンナーレ展文部大臣賞（どちらも1962年）など、さまざまな賞を受賞した。1970年には和歌山県文化賞を、1997年には中日新聞社中日文化賞を受賞し、世田谷区特別文化功労者として表彰、1998年には中村彝賞を授与されている。活動中も、神奈川県立近代美術館（1973年、1995年）、和歌山県立近代美術館（1979年）、世田谷美術館（1993年）など、日本の主要施設で回顧展が開かれた。

　村井は93歳で没したが、晩年まで制作を続けていた。成人してからのほとんどを東京で暮らし、最後のアトリエは東京都の南西に位置する世田谷区の木造住宅だった。死後、作品や私物が詰まったアトリエは保存され、2005年3月29日、生誕100歳の記念日に、隈研吾設計による村井正誠記念美術館が開館した。隈は予算を抑え、いちから建物を建築するのではなく、村井のアトリエの部分と新たな空間が共生するよう設計している。村井正誠記念美術館は、当時の美

術館としては斬新な印象を与えつつ、かつての木造建築を包み込み、保存するような構造になっている。村井の木造のアトリエの上部に二階のフロアが設置され、古い住宅のさまざまな部分が建物のいたるところに用いられている。かつて玄関と屋根の下地剤に使われていた木材は、外壁を縦に走るよろい板に再利用され、金属性のメッシュ素材を壁にするなど、普通の建築物には使わないような材料も使われている。村井の大胆な抽象芸術の展示と共鳴するように、壁のほとんどは白で統一されている。建物内部は、村井が創作に励んでいた当時と同じく、全体的に落ちついた雰囲気が感じられる。建物の外には、村井の乗っていた古いトヨタの車が誇らしげに置かれ、その傍らに水盤が配置されている。館内にはさまざまな作品や私物が展示されていて、いまにも村井がひょっこりと姿を現しそうだ。

「鑑賞者は、自らの想像に身をゆだねていい」

村井正誠

上、P.197、P.198-199：美術館の館内。すべてが昔のままに配置され、村井がいまにも姿を現しそうだ。穏やかな雰囲気もそのままで、村井の作品や私物が詰まっている。

FRIDA KAHLO

Coyoacán, Mexico

フリーダ・カーロ
コヨアカン（メキシコ）

　「コヨーテの地」という意味を持つ、メキシコシティのコヨアカンは、狭い通り、石畳の小道、緑に囲まれた広場、にぎやかな市場といった、16世紀当時の街並みが多く残っている。フリーダ・カーロ（1907-54）は、その閑静な住宅街の一軒家で育った。この地をこよなく愛したフリーダは、生涯完全に離れることはなかった。

　フリーダ・カーロの家は、コバルトブルーの壁から「青い家（La Casa Azul）」と呼ばれた。フリーダのドイツ出身の父親ヴィルヘルム（スペイン語ではギリェルモ）の依頼により、1904年に建てられた家だった。父親は若いころメキシコに移住し、母親のマティルデ・カルデロン＝イ＝ゴンサレスはスペイン人と先住民族の血を引いていた。フリーダや3人の姉妹たちは宗教色の強い家庭で育った。6歳のとき、フリーダはポリオに感染し、長い間自宅で療養生活を送る。この病気により片方の脚の成長が止まり、残りの人生を、足を引きずって歩かなければならなくなった。成長した娘に、写真家の父親はヨーロッパの哲学者たちの書物を読むよう勧め、フリーダは文学や政治に魅了される。フリーダは、国立予科高等学校に入学した最初の女子生徒の一人でもあった。そこでフリーダは医師を目指し、医学や植物学、社会学を学ぶ。だが1925年9月、18歳だったカーロはスクールバスで家に帰る途中、生死をさまよう事故にあう。バスが路面電車と衝突し、フリーダは体中を骨折し（骨盤は砕け、脊椎が3か所も折れていた）、鉄の手すりが子宮に突きささった。1か月の入院ののち、2年近く家のベッドで寝たきりになり、ギプスと固定器具を装着して過ごした。その後の人生も、痛みに耐え、入院や手術を繰り返すことになる。

　青い家で療養を続けるフリーダのために、両親はイーゼルを特注し、絵具一式を与え、ベッドで横になっていても自画像が描けるよう、頭の上に鏡を設置した。医師になることをあきらめたフリーダは、メキシコ共産党（PCM）に入党し、報道写真家のティナ・モドッティやキューバの革命家フリオ・アントニオ・メリャと親しくなる。そして彼らに、PCMの主要メンバーや、メキシコで最も著名な芸術家ディエゴ・リベラを紹介された。リベラはフリーダよりも21歳年上で、無神論者で女たらしとしても有名だったが、二人は1929年、結婚した。フリーダの母親は反対し、二人の関係をゾウとハトの結婚だと言っていた。結婚後の3年間、フリーダとリベラはメキシコやアメリカ各地を旅した。リベラは両方の地で壁画の仕事を完成させ、フリーダも自分の芸術を追求し、メキシコの民族文化にインスピレーションを得た絵を描きはじめる。ほとんどが小さな自画像で、アメリカ先住民や初期キリスト教芸術の要素を融合させた、平面的で色彩豊かな画風だった。またフリーダはメキシコの伝統衣装テワナを身につけるようになる。頭には花のヘッドドレスをかぶり、弱った脚を隠すために長いスカートを履いていた。

家を生まれ変わらせる
REBUILDING

　フリーダはリベラと旅をしているあいだに、2度の流産と母親の死を経験する。メキシコに戻った直後の1934年、リベラがフリーダの父親の負債を清算した。ギリェルモは1910年のメキシコ革命のさなかに仕事を失い、フリーダの医療費もかさんだため、借金を負っていた。リベラは青い家のローンも清算し、そこにフリーダとともに引っ越し、早速改修を始めた。フリーダとリベラは1934年から1939年まで青い家で一緒に暮らしたが、フリーダの妹クリスティナとその娘イソルダとアントニオが同居していた時期もあった。クリスティナは1928年に結婚して家を出ていたが、夫が出ていったため、娘を連れて青い家に戻ってきていた。

上:青い家では、コバルトブルーの壁をオレンジ色や鮮やかな緑色が彩っている。

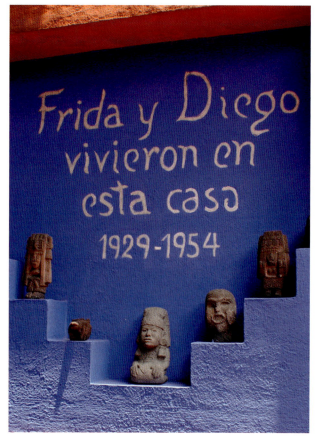

上:青い家の生き生きとした青い壁に描かれた文字。1929年から1954年まで、フリーダとディエゴがここに暮らした、と記されている。

　フリーダとリベラの結婚生活は幸せなものではなかった。リベラの度重なる不貞が、ただでさえ繊細なフリーダの健康状態を悪化させた。フリーダもまた、男女問わず浮気を繰り返し、2度の中絶と、虫垂切除、壊疽した2本の爪先の切除手術も受けた。リベラとクリスティナが関係を持ったことで、フリーダはリベラと離婚し、一人で青い家で暮らすようになる。だが翌年、二人は再婚した。

　2階建ての青い家は、建築当初はフランス風の建物だった。3面が中庭と接したかなり小さな家で、中庭をすっぽり取り囲むよう、リベラはもう1面にも増築した。新たな部分は地元の火山石でつくられ、陶器の壺などが埋め込まれている。平屋根も設置され、貝殻や鏡で装飾がほどこされた。1946年、フリーダのアトリエと寝室が新たな棟に移された。別の寝室、大きなキッチン、食堂、玄関(パティオ)など、ほかの部屋はモザイクで飾られている。家のいたるところに明るい色が塗られ、メキシカンアートが彩を添えている。石の壁に仕切られた中庭には、噴水や階段状のピラミッド、リフレクティング・プール、フリーダとリベラの収集した骨とう品などを置く部屋などがある。二人ともメソアメリカの手工芸品に魅了されていた。

　フリーダとリベラは、多くの友人を家でもてなした。そのなかには、アンドレ・ブルトン、モドッティ、エドワード・ウェストン、ホセ・クレメンテ・オロスコ、イサム・ノグチ、レフ・トロツキーら、アメリカや世界各地の著名な文化人や知識人、芸術家もいた。1936年、リベラは追放されたロシアの政治家トロツキーをメキシコで受け入れるよう、メキシコの大統領を説得し、1937年1月、トロツキーとその妻が到着する。病気だったリベラに代わって、フリーダが武装した衛兵たちとともに港で出迎えた。青い家はトロツキーたちが暮らせるよう、護衛やバリケード、保護ガラス、警報装置などの準備が整えられていた。トロツキーの妻は、滞在先の印象をのちにこう語っている。「青い家、草木でいっぱいのパティオ、広々とした部屋、アメリカ先住民のアート、さまざまな場所から集められた絵画。リベラの家では、別の惑星にいるような気分でした」トロツキー夫妻が青い家に住んでいた、1939年の4月までのあいだ、トロツキーとフリーダは関係を持った。

動物と教えること
ANIMALS AND TEACHING

　フリーダはメキシカン・ヘアレス・ドッグ、クモザル、猫、鹿、ワシ、

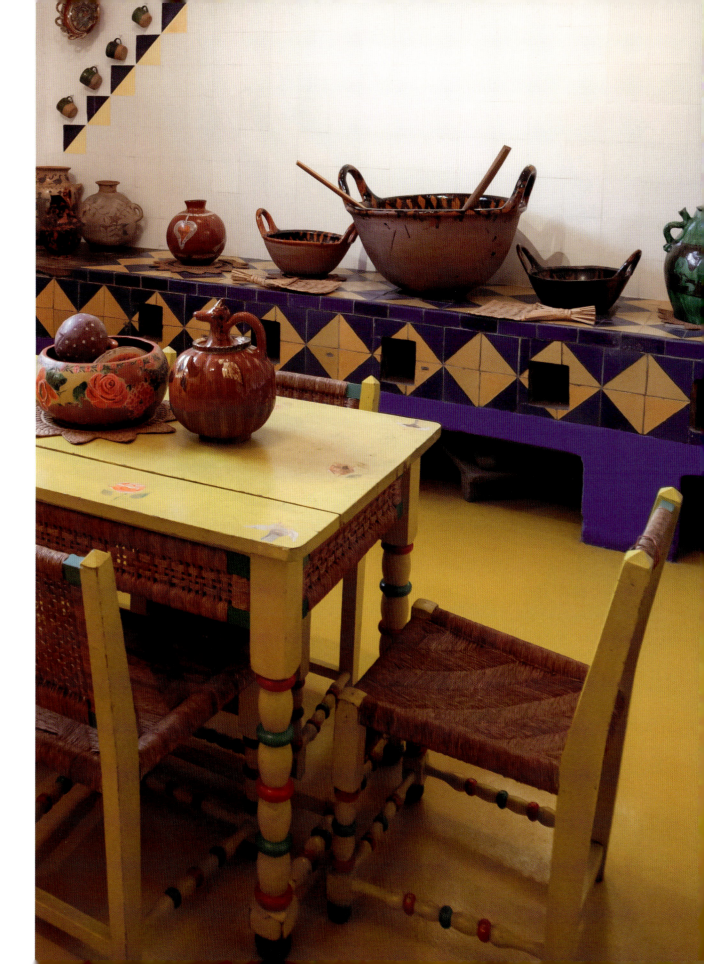

インコ、コンゴウインコ、鶏、スズメなど、多くの動物をペットとして飼っていた。どの生き物も家の中や中庭で放し飼いにされ、フリーダはしばしば作品に描いている。フラン・チャン（リベラから贈られた）とカイミト・デ・グアヤバルと名づけたサルや、鹿のグラニーソなどがいた。フリーダのお気に入りはショロティという名の犬で、ヘルトルディス・カサ・ブランカと名づけたワシもいた。アマゾンオウムのボニートは、テーブルで客人に芸を披露していた。

　1943年、フリーダは絵画と彫刻の専門学校ラ・エスメラルダ（Escuela de Pintura y Escultura de La Esmeralda）の講師となるが、健康状態が悪化し、主に自宅で講義を行った。2年後、フリーダはふたたび寝たきりとなる。長時間、立つことも座ることもできなくなり、1945年、背中の難しい手術のため、ニューヨークへ向かう。結局その手術は失敗し、さらなる背骨の手術を受けたが、それが感染症を引き起こし、手術を繰り返すはめになる。病院にいるとき以外は、フリーダは車いすや松葉杖を使い、ほとんど青い家で過ごした。1953年、壊疽により右足の膝から下を切断する。フリーダはひどいうつ状態に陥り、ますます痛み止めに依存するようになる。リベラはまた浮気を始め、フリーダは自殺を図った。1954年2月、フリーダは日記にこう書いている。「6か月前、脚を切断された……。自殺したいとずっと願い続けている。それをとどまらせてくれるのはディエゴだけだ。私がいなくなればあの人は寂しがるだろうという、うぬぼれた思いからだ……。だが、人生でこれほどまでの苦しみを味わったことはない。もう少しの辛抱だ……」それから数か月、フリーダは気管支肺炎で病床に伏し、7月、自宅で47歳の生涯を終えた。

「絶対的なものなど何もない。
すべてが変化し、
すべてが動き、
すべてが回転する……」

フリーダ・カーロ

P.208：寝室にいるフリーダ・カーロ。
下：フリーダのベッド。人生で最後の、痛みに耐える数週間をここで過ごした。

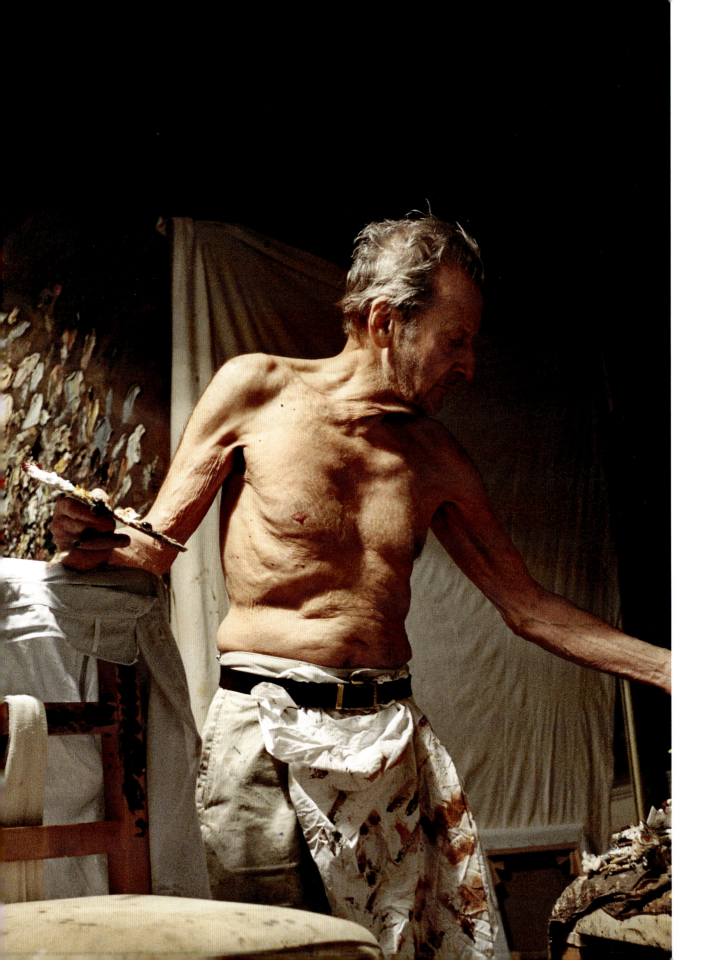

LUCIAN FREUD

London, UK

ルシアン・フロイド
ロンドン（イギリス）

ロンドンのケンジントンに、1736年から1737年にかけて建てられたジョージアン様式の3階建てのテラス・ハウス。地下と屋根裏、マンサード屋根を持つこの家を、芸術家ルシアン・フロイド (1922-2011) は1970年代から2011年までの約40年間、住居と作業場にしていた。

ルシアン・フロイドはユダヤ人の中流家庭に生まれた。父親は建築家で、母親は美術史を学び、祖父は著名な精神分析医のジークムント・フロイトである。フロイドは10歳のとき、家族とともにナチスから逃れ、ベルリンからロンドンに移り、スイス・コテージと呼ばれる地域に住みつく。その5年後、フロイドが描いた絵が、ロンドンのギャラリーで開かれた子どもによる美術展に入選する。それからしばらくして、フロイドはエセックスにあるイースト・アングリア絵画素描学校に入学し、そこで3年学んだ。1941年、商船隊に3か月所属したのち、ロンドンのゴールドスミス・カレッジで学業を続けた。1945年には、親友であり最大のライバルとなるフランシス・ベーコンと出会い、しばらくして、パリでピカソとアルベルト・ジャコメッティとも知り合う。ロンドンに戻ったフロイドは、スレード美術学校で講師となり、ロンドン市内のギャラリーでも作品を展示しはじめた。

関係を模索する
EXAMINING RELATIONSHIPS

魅力にあふれ、気が短く、女たらしだったフロイドは、さまざまな女性と関係を持った。2度結婚し、少なくとも14人の子供がいたという。子供たちには父親らしいことをしなかったと、フロイド自身認めている。女性蔑視的でだらしがなかったにもかかわらず、フロイドは男性からも女性からも人気があった。一日のうち絵を描いていないわずかな時間、フロイドは芸術家やイギリスの貴族階級の人間たちと食事や賭け事をし、親しく付き合った。肩にペットのタカを乗せて注目を集めることもあった。

多くの芸術家たちが抽象画を描いていた時代に、具象画を描いていたフロイドは、スクール・オブ・ロンドンの画家に分類されている。スクール・オブ・ロンドンは、20世紀、基本的にロンドンを拠点とする具象絵画の画家たちでゆるやかに構成されたグループで、当時中心的だった抽象芸術の運動と対照をなしていた。フロイドが描いていたのは主に肖像画で、初期のころはなめらかで正確、緻密な作風だったが、絵筆を柔らかいクロテン毛のものから硬い豚毛のものに変えてから、より快活で、厚塗りの大胆な筆づかいと、重ね塗りの手法を用いるようになった。また、ヌードを描くことも増えたが、後期のエッチング作品も含め、フロイドの絵をモデルたちは喜ばなかった。フロイドはモデルたちに、背景を描いているときでさえ、何時間もポーズを取らせた。フロイドは、まずカンヴァスにコンテで下絵を描く。そしてほとんどの場合、描く対象の頭部から色を塗りはじめ、それから胴体へと移り、その後また頭部に戻り、背景を描くというものだった。じっくり時間をかけて観察し、作業をするため、作品の完成には何か月もかかった。

後年、フロイドの作品は高い人気を獲得し（1989年には名誉あるターナー賞にノミネートされている）、破格の報酬を得ていた。2008年には、1995年の作品『眠る給付金管理者（Benefits Supervisor Resting）』がニューヨークのオークションハウス、クリスティーズにおいて、存命中の画家の作品のオークション価格としては世界最高額となる3360万ドルで落札された。

極度に人目を避ける人物だったフロイドは、友人や家族、妻、恋人たち、そして自分自身を主に描いた。芸術家とモデルの関係を模索するかのように、しばしば不安定な空間を設定していた。

上：ロダンのブロンズ像『裸のバルザック（Naked Balzac）』が置かれた、
ルシアン・フロイドのアトリエの内部。
P.212：フランシス・ベーコンの『二人の人物（Two Figures）』が飾られた、
ルシアン・フロイドのアトリエの内部。

上:フロイドのケンジントンの家の居室。散らかったアトリエ(P.215)とは対照的な、優美な空間も広がっている。

上:フロイドの友人や、尊敬する芸術家たちの作品がところ狭しと並ぶ、洗練された暖炉。

ケンジントン・チャーチ・ストリート
KENSINGTON CHURCH STREET

ロンドン中心部の西側に位置するケンジントンとチェルシーは緑の多い地区で、歴史的にも多くの芸術家や音楽家が暮らしてきた。ケンジントンに古くからあるセント・メアリー・アボッツ教会にちなんで名づけられたケンジントン・チャーチ・ストリートは、ノッティング・ヒル・ゲートからケンジントン・ハイ・ストリートまでのあいだを南北に走る通りで、フロイドが40年近くにわたって暮らした場所である。

フロイドの家とアトリエは、正面を茶色いレンガに覆われた、背の高い建物だった。建てられてから約1世紀後の1820年から1830年にかけてと、おそらくは19世紀後半に改装されているが、大きなサッシ窓や天井を飾るモールディング、円形の暖炉、枝付き燭台、幅広のドアなど、かつての特徴が数多く残っている建物を、フロイドはひと目で気に入った。ほとんど手を加えなかったが、壁を取りはらって、もとのしっくいをむき出しにし、庭にもうひとつアトリエを建て、行き来できるよう木製デッキを取りつけ、周りを竹と月桂樹で囲んでいる。

フロイドは2階にメインのアトリエを2か所もうけ、一つを自然光のもとで、もう一つを人工の光のもとで絵を描く場所にした。そこにさまざまな小道具、イーゼル、筆、絵具、敷物を置いていた。壁をこげ茶色に塗り、何も飾らなかったが、メモを書き込む場所として使い、壁やドアの枠をペンキの削りくずでしょっちゅう汚していた。助手のデヴィッド・ドーソンはこう回想している。「ルシアンは小道具にとてもこだわっていました。古道具屋を回っては、これだという物を見つけていました。でも一度飽きてしまったら、その小道具は応接室で余生を過ごすことになるんです」

晩年、フロイドは犬と、ベッドに山と積まれた本(美術書や、バルザック、プルーストの小説)、万一の侵入者に備えた庭用のスコップと一緒に眠っていた。家の壁を友人のベーコンやフランク・アウエルバッハの作品、さらにはジョン・コンスタブルやジャン=バティスト・カミーユ・コロー、ロダンなどの作品で飾った。フロイドがこだわって選んだアンティークの家具や置物は、不思議と古くささを感じさせなかった。花は自分がよく用いる中間色の色づかいに合うものを選んだが、ほとんどがスイセンやストックのような白い花だった。窓には、光を取り入れつつ、通りがかった人の目につかないよう、ひだのあるボイルカーテンをかけていた。

毎日、フロイドとドーソンは、家から数軒先のクラークスというレストランで朝食と昼食をとっていた。店主はサリー・クラークという名のシェフで、フロイドの肖像画のモデルも務めている。朝の仕事を終えて午後になると、フロイドはたいてい昼寝をし、その後午後6時ごろから仕事を再開し、早朝まで作業を続けていた。

CÉSAR MANRIQUE

Haría, Lanzarote

セザール・マンリケ

アリア（ランサローテ）

　画家で彫刻家、建築家、環境活動家のセザール・マンリケ（1919-92）は、1986年、生まれ故郷ランサローテのアリア村のヤシの木立に半地下の家を建てた。マンリケは亡くなるまでこの家で暮らし、創作活動を行った。

　アリアという同じ名の渓谷に位置するアリアは、カナリア諸島の島ランサローテで最も緑豊かな場所である。草木が青々と生い茂るアリアは、1000本のヤシの木の谷と呼ばれることもある。1730年から1736年にかけてラ・アタラヤ、ロス・エレチョス、ラ・コロナの3つの火山の噴火により形成された。アリアに家を設計、建設したとき、マンリケはすでに芸術家、そして環境活動家としての活動を続けていて、とくに愛するランサローテ島の保護に力を入れていた。

芸術、建築、自然
ART, ARCHITECTURE AND NATURE

　第一次世界大戦が終結して間もないころ、双子の妹よりも数分早く、マンリケはランサローテ島のアレシフェに生まれた。カナリア諸島はスペインの一部であることから、1936年、17歳のマンリケはスペイン内戦に加わる。その後、テネリフェ島のラ・ラグーナ大学で建築学を学ぶが、2年で退学。正規の芸術教育を受けたことはなかったが、マンリケは絵を描きはじめ、アレシフェやグラン・カナリア島のラス・パルマスで展覧会を開いた。第二次世界大戦の終戦直後、25歳のマンリケは奨学金を得て、マドリードの王立サン・フェルナンド美術アカデミーに入学した。

　マドリードで3年間学んだマンリケは、絵画と芸術教育の学位を取得する。そしてスペインのさまざまな場所で作品を展示し、1964年、マンリケの作品の購入者だったニューヨーク州知事ネルソン・ロックフェラーに招かれ、ニューヨークに2年滞在する。ランサローテ島に戻ると、観光業が隆盛の兆しを見せていて、レジャー産業が島に及ぼす悪影響を最低限にとどめるため、マンリケはランサローテ島の議会と密に連携した。議長のペピン・ラミレスが家族ぐるみの友人だったこともあり、高層ホテルやアパート、広告用掲示板の建設禁止や、景観を妨げる送電塔の地中化といった法案のロビー活動が成功する。マンリケは持続可能な観光開発を熱心に推進し、粘り強くキャンペーンを続け、ランサローテ島の法令の整備に大きな影響を与えた。マンリケの尽力のおかげで、島は伝統的な風景が多く残る、絵のような美しさを保っている。マンリケの主張に応じて、島に新しく建てる家は簡素で背が低いものとし、壁は白しっくい塗り、木造部分は茶色か緑色に塗らなければならず、海岸に近い家はドアや窓を青色にするという決まりになった。

　マンリケはランサローテ島の環境保護活動に加え、建物や建築プロジェクトの設計も行い、つねに自然と人間の調和を追求した。1968年には議会からの依頼により、火山岩の大きなトンネルとドームを利用した芸術文化センター「ハメオス・デル・アグア（Jameos del Agua）」を建設している。ハメオスとは火山の噴火でできた洞窟、口を開けた溶岩ドームのことである。ハメオス・デル・アグアの中心には、天然の講堂、美術館、研究拠点、テラスレストランと人工の湖を囲むヤシの木の庭園がある。さらにマンリケは「リオ展望台（Mirador del Río）」も設計している。ランサローテ島の西海岸に反り立つ大きな崖リスコ・デ・ファマラに同化するように建てられたレストランである。海抜約500メートル（1640フィート）の高さにあり、テラスと大きな窓を持つこのレストランでは、食事をしながらエル・リオ海峡（ランサ

上:マンリケのランサローテ島の家の入口。
何度か火山噴火が起きた場所でもある。

ローテ島と、ラ・グラシオーサ島やチニホ群島自然公園の一部の小島を隔てる狭い海峡)の全景が楽しめる。崖を切り崩し、火山岩の壁で覆った建物は、目立たず、周囲の自然の一部のように見える。

1970年代にも、マンリケはグアティサ村にサボテン公園を設計している。1989年に建設され、その2年後に正式オープンした「ハルディン・デ・カクトゥス (Jardín de Cactus)」は、1000種を超えるサボテンを含む、世界中から集められた7000種の植物で構成された植物園である。入口の近くには大きな金属のサボテン像が立ち、中は広々とした円形の空間で、植物のあいだを曲がりくねった小道が通っている。テラスには手彫りの玄武岩が敷き詰められ、ローマの円形競技場を思わせる雰囲気で、中央には小さな池や売店もある。

国際的な名声
INTERNATIONAL FAME

1974年、マンリケはスペインの建築家フェルナンド・イゲーラスと共同で『未発表の建築 (Architecture Unpublished)』を出版し、1978年にドイツの賞「世界エコロジー観光賞 (Weltpreis für Ökologie und Tourismus)」を受賞している。1990年には、ドイツのデザイナーで芸術家のワルター・マウラーとBMWアート・カーを制作し、ランサローテ島を越えて、マンリケの名が広く知られるきっかけにもなった。

マンリケは1970年代に数々の建築物をデザインしたが、自分のために特別な家も設計した。「芸術から自然/自然から芸術」という独自の美意識にこだわったマンリケは、家を周囲の環境と融合させようとした。そして、アリア村で放棄されていた広大な農地と廃屋となった農家を買い取った。火山の噴火が繰り返された土地には5つの洞窟とヤシの木立が残っていた。1986年、マンリケは古い農家の母屋と洞窟を利用して、大部分が地下に隠れた建物の建設を始める。幅の広い階段や大きな一枚ガラスの窓、広々とした玄関ホールといった、伝統建築と現代的な要素を組み合わせた建物で、「タロ・デ・タイチェ (Taro de Tahiche)」と名づけられた家は光で満ちあふれている。マンリケはこう語っている。「恐れや形式にとらわれず、完全に自由に創作することで、魂が勇気づけられ、生きる喜びへの道が開ける」家に入ると、さまざまな緑の色合いが楽しめる、青々として素朴なサボテンや多肉植物が植え込まれた本格的な中庭、広々として曲がりくねった通路、噴水のある池、大きな壁画が出迎えてくれる。鮮やかな色のセラミックタイルの破片で作られた壁画には雄牛が描かれ、マンリケの親しい友人でもあったピカソの画風を思わせる。地上に見えて

上:かつて農家の母屋だった構造を利用し、
マンリケは現代的な半地下の家をできるだけ光で満たそうとした。

上:マンリケの家は、すべてが自然の岩石層と調和するように建てられている。

上、P.224：ピアノと石の暖炉があるラウンジ。天井は低く、梁がむき出しになっている。

いるのはかつての農家の白しっくいの壁で、ほかの壁もすべて白しっくいが塗られ、黒い縁取りがされている。ここには2階より高い建物は一つもない。

　自然の5つの洞窟を利用した家は、大部分が火山岩でできていて、地下に広がっている。溶岩に開けられた細い通路によってつながり、ガラスのドーム屋根で覆われている。中央の洞窟は、プールやバーベキュー場、小さなダンスフロアなどのくつろぎのエリアとなっている。ほかの洞窟には居間、浴室、マンリケの寝室が、地上階にはキッチンとゲストルーム、マンリケのアトリエがある。いたるところに植物があふれて、人工の世界と自然とはバランスをとる必要があるというマンリケの信条を表している。ヤシの木とイチジクの木は、下の階の部屋から溶岩の屋根に開いた穴を抜けて伸び、二つの洞窟のあいだには沈床園がつくられている。アトリエになっている白しっくいの建物は、大きな窓から注ぎ込む自然光に満ち、1730年代の噴火でマネへ山から流れてきた溶岩原が広がる「裏庭」を望むことができる。マンリケはこのアトリエで毎日制作を行い、抽象画を書き、「風の人形（Wind Toys）」と名づけたキネティック（動く）彫刻の数々を考え出していた。この彫刻は、かつて田舎の風景にはおなじみだった木製の風車と、

人間と自然の相乗効果というマンリケが最も大切にしていた信念にインスピレーションを得たものである。マンリケはできるかぎり自然に暮らし、アルコール類は一切飲まず、タバコも吸わず、そばにいる人間にも吸わせなかった。たいてい早く寝て、夜明けとともに起きていた。ハメオス・デル・アグアやハルディン・デ・カクトゥスなど、ランサローテ島のために作ったものは、すべて無報酬で引き受けていた。悲しいことに、マンリケは1992年、アレシフェの家の近くで、自動車事故で亡くなった。

「私にとって、
ランサローテ島は
世界で最も美しい場所だ」

セザール・マンリケ

YINKA SHONIBARE

London, UK

インカ・ショニバレ
ロンドン（イギリス）

　1990年代の「ヤング・ブリティッシュ・アーティスト」の一人であるインカ・ショニバレ（1962-）は2004年、名誉あるターナー賞にノミネートされている。現在、ショニバレは東ロンドンで暮らし、創作活動を行っている。ショニバレが住みはじめたときは貧しく、抑圧された地域だったが、いまや高級住宅地となった。ロンドン南東部のペッカムにもアトリエを持ち、散らかる作品を制作するときに利用していることから、ショニバレは「ダーティー・スタジオ」と呼んでいる。

　2016年、ショニバレはこう振り返っている。「人間がどこからやってくるのかということに、私は興味がある。生まれ育ったイギリス植民地での経験抜きにして、私という人間は定義できない。それなしにして、私は存在しないのだ」

「アイデンティティの多様性」
'A MULTIPLICITY OF IDENTITIES'

　ナイジェリア人の両親のもとイギリスに生まれたショニバレは、3歳のとき、家族とともにナイジェリアのラゴスに移る。父親のオラトゥンジは企業の顧問弁護士で、母親のレイデがインカと3人のきょうだいの育児にあたった。ショニバレはアイルランド人の修道女に教育を受け、いまは何の宗教も信仰していないというが、こう語っている。「カトリシズムというものは人間の中に残り続ける——現実的ではなくとも、罪や恥の概念は残る」14歳のとき、ショニバレは家族とローマに旅し、システィーナ礼拝堂を訪れ、コロッセオをスケッチした。この旅はショニバレに大きな影響を与えた。ロンドンとラゴスを行き来しながら成長し、17歳で大学入学資格となるAレベルを取るためイギリスに居を定める。その後、ウィンブルドン・カレッジ・オブ・アートの大学進学準備コースに入るが、3週間もしないうちにショニバレは横断性脊髄炎というまれな病気を発症し、2週間昏睡状態となる。脊髄に生涯残る損傷を負い、首から下が麻痺してしまった。

　最終的に体の片側の運動能力を取り戻したショニバレは、美術学校に戻る。まずバイアム・ショー・スクール・オブ・アート（現在のセントラル・セント・マーチンズ）で学び、その後ゴールドスミス・カレッジに進学した。卒業後、身体障がい者の芸術への参画を推進する組織で開発担当者として働いていたが、自身も芸術家として活動するようになる。ショニバレは、使われなくなった倉庫などでよく展覧会を開き、実業家で芸術の支援者でもあるチャールズ・サーチがショニバレの初期の作品を購入している。1997年、王立芸術院が開催して話題を呼んだ展覧会「センセーション（Sensation）」に作品が出品され、ショニバレは一躍有名になった。大きな依頼が舞い込みはじめ、2004年には大英帝国勲章5等勲（MBE）を受章。2010年には王立芸術院から名誉博士号を授与され、2013年にはロイヤル・アカデミーの会員に選出、そして2019年、大英帝国勲章3等勲（CBE）を受章した。大陸間を行き来しながら活動するショニバレの作品は、文化や時代が互いに重なり合い、複雑に絡み合っていることを表現している。「アイデンティティの多様性、地球規模の移動、交易、移住といったことをどう考えるか、私はつねに興味を抱いてきた」とショニバレは言う。「私の作品はアンビバレンス（両面性）やニュアンス（微妙な差異）を表すものだ」

　障がいがあるショニバレは車いすを使い、スタジオ助手の手を借りて作品を制作している。「創造性の範囲は、単に身体能力に制限されるべきではないと私は考えている。それは建築家が、実際に自分の手で建てられる建物だけを建てると言っているようなものだ」ショニバレはしばしば、ウィリアム・ホガースやトマス・ゲインズバラ、ジャン・オノレ・フラゴナールといった過去の芸術家の作品を模倣するかたちで、彫刻や版画、インスタレーション、映像作品などに取り組んでいる。バティックのプリント生地なども素材として利用している

上：ショニバレがしばしば素材に利用する、バティックのプリント生地。
インドネシアでデザインされた生地をまねたもので、19世紀以降、西アフリカでも使われている。

が、それらもまた模倣によって作られたものである。こうした生地は、1949年までオランダの植民地であったインドネシアでデザインされた生地を参考にしてオランダで製造されていたが、19世紀以降、西アフリカでも用いられてきたことから、いまでは西アフリカの伝統工芸品だとみなされることも多い。鮮やかな色彩と模様が特徴だが、文化的アイデンティティやポストコロニアリズム、グローバリゼーションといったテーマも連想させる生地である。

アイデアのための空間
A SPACE FOR IDEAS

2008年、ショニバレは東ロンドン、ハックニーのリージェンツ運河の近くにアトリエを購入している。以前はカーペットの倉庫として使われていた建物で、購入当時の地域の雰囲気について、ショニバレは「町はずれはいかにも治安が悪く、少々怖い場所だった」と語っている。だが現在、町は再生し、もはや汚くもなく、寂れてもおらず、活気といろどりにあふれている。さまざまな年代、生い立ちの人々が行き交い、運河沿いの散歩やサイクリング、職人の開いたカフェでのくつろぎの時間を楽しんでいる。

ショニバレがこのアトリエに移ったとき、建築家に「倉庫らしさを残し、何も手が加えられていないような雰囲気に改修する」ことを勧められた。助言にしたがったショニバレは、光が取り込めるよう屋根に大きな天窓を作った。仕切り壁を取り壊し、木のフロアをサンドブラストで磨き、むき出しのレンガを補修し、壁にしっくいを塗った。広々とした2階のスペースで、ショニバレはほとんどの作品を少人数の助手チームとともに制作している。友人たちとの夕食会もそこで開く。知り合いではない芸術家も、ショニバレはよく招いている。「この空間を自分だけのものではなく、いろいろと挑戦したい人たちのための場所にしたい。だから建物の外に提案箱を置いて、芸術家たちがアイデアを投書できるようにしている。いちばんいいアイデアを考え

た人は、アトリエに1か月滞在できる……。ここはとても社交的な空間なんだ」この「ゲスト・プロジェクト」と呼ばれるアイデアは、芸術家たちが生活し創作を行うにはロンドンは金がかかりすぎるという思いから生まれたものだった。そこで自分の家の一部とアトリエの1階を、ほかの芸術家たちが無料で作品を展示できる場として提供している。その際、芸術の形式は問わない。このプロジェクトと合わせて、2019年にはナイジェリアの2か所で「ゲスト・アーティスツ・スペース・ファウンデーション（Guest Artists Space Foundation）」の運営を開始した。芸術家が滞在して創作活動ができるプログラムで、拠点の1か所はラゴスのレッキにあり、もう1か所はイジェブ地区の54エーカーの農場である。ショニバレはこう言っている。
「私がやっていることは大海の一滴にすぎないが、象徴的な意味では重要なことだ。私は社会を変える手段として芸術を利用している」

「私は普遍的な
人道主義というものに、
何よりも関心を抱いている。
私たちはみな、互いに
影響を与えあっているのだ」

インカ・ショニバレ

上：歴史に強い関心を抱くショニバレは、作品に鮮やかで大胆な模様を取り入れた。

上：ショニバレがアトリエに改修した倉庫は、広々としていて、
天井は高く、自然光にあふれている。

索引
INDEX

あ

アーツ・アンド・クラフツ　53
アート・スチューデンツ・リーグ　167
アーミテージ、ケネス　173
アール・ヌーヴォー　31, 35, 97, 98
アイチソン、ジョージ・ジュニア　37
アウエルバッハ、フランク　214
青い家（La Casa Azul）、コヨアカン、メキシコ　200-9
アカデミー・シュイス　45, 48
アビキュー、ニューメキシコ、アメリカ　134-43
アポリネール、ギヨーム　129
アメリカ
　アビキュー、ニューメキシコ　134-43
　キャッツキル、ニューヨーク　18-23
アメリカン・モダニズム　135
アリア、ランサローテ　218-27
有島生馬　193
アルバース、ヨゼフ　97
アルパールツ、フロール　86
アルプ、ジャン　161, 185
アルベール1世、ベルギー国王　86, 87
アングル、ジャン＝オーギュスト＝ドミニク　31
アンソール、ジェームズ　82-9
アンデパンダン展（独立派展）　92, 193
アンドレ、アルベール　92

い

イースト・サセックス、イギリス　166-73
イギリス
　セント・アイヴズ、コーンウォール　184-91
　チディングリー　166-73
　チャールストン　102-11
　トゥイッケナム　12-17
　レッド・ハウス、ベクスリーヒース　52-61
　ロンドン　36-43, 210-17, 228-33
イゲーラス、フェルナンド　220
石井柏亭　193
イタリア、ローマ　128-33
イペル、アウフスト・ファン（フスチェ）　87

印象派　71, 91
インスティテュート・オブ・コンテンポラリー・アーツ（ICA）　168

う

ヴァトー、アントワーヌ　133
ヴァラドン、シュザンヌ　8, 112-17
ヴァラドン、（ユトリロ）モーリス　113, 117
ヴァレリオラ、エドモン・ド　86
ヴィクトリア女王　25
ヴィラ・シュトゥック、ミュンヘン、ドイツ　96-101
ヴィラ・デ・ブリアン、ムードン、フランス　62-9
ヴィラ・ラ・カリフォルニ、カンヌ、フランス　118-27
ウェストン、エドワード　202
ウェッブ、フィリップ　53, 56
ヴォラール、アンブロワーズ　92, 113
ウジェニー皇后　26
ウルフ、ヴァージニア　103, 104
ウルフ、レナード・シドニー　104

え

エイガー、アイリーン　173
瑛九（Ei-Q）　193
エクス＝アン＝プロヴァンス、フランス　44-51
エコール・デ・ボザール、パリ　31, 32, 63
エソワ、フランス　90-5
エドワード7世　67
エリオット、T・S　109
エリュアール、ポール　167
エルンスト、マックス　161, 167, 168

お

王立芸術院　13, 37, 41, 229
王立サン・フェルナンド美術アカデミー　119、219
オーステンデ、ベルギー　82-9

オーベール、アンヌ＝エリザベス＝オノリーヌ　45
オキーフ、ジョージア　7, 134-43
オシュデ、アリス　71, 74, 78
オシュデ、エルネスト　71, 74
オメガ・ワークショップ　103, 104
オロスコ、ホセ・クレメンテ　202
恩地孝四郎　193
オンプレネール（戸外制作）　45, 48

か

ガーネット、デイヴィッド・"バニー"　103, 109
カーロ、ヴィルヘルム（ギリェルモ）　201
カーロ、クリスティナ　201, 202
カーロ、フリーダ　200-9
カイユボット、ギュスターヴ　92
カサット、メアリー　71
カッラ、カルロ　129
カルデロン＝イ＝ゴンサレス、マティルデ　201
カンディンスキー、ワシリー　97
カンヌ、フランス　118-27

き

キャッツキル、ニューヨーク、アメリカ　18-23
キャリントン、レオノーラ　173
キュビスム　87, 119, 125, 151, 175
キリコ、ジョルジョ・デ　128-33, 161, 175

く

クノップフ、フェルナン　83
隈研吾　194
クラーク、サリー　214
グラント、ダンカン　7, 102-11
クルンプケ、アンナ　29
クレー、パウル　97
クレマンソー、ジョルジュ　71
グロス、ジョージ　145

け

形而上絵画　129
芸術家亡命委員会　168
ケインズ、ジョン・メイナード　103, 104
ゲインズバラ、トマス　229
ゲスト・アーティスツ・スペース・ファウンデーション　231
ゲスト・プロジェクト　231
ケンジントン・チャーチ・ストリート、ロンドン、イギリス　210-17
現代美術館、ニューヨーク　145

こ

後期印象派　103
ゴーストランチ、アビキュー、ニューメキシコ、アメリカ　134-43
コール、トマス　18-23
ゴールドスミス　229
コクトー、ジャン　150-9, 167
国民美術協会　113
古典主義　97, 119
ゴビヤール、ジャンヌ　92
ゴビヤール、ポール　92
コフ（旧姓：リンドナー）、マルタ　145, 146, 149
コヨアカン、メキシコ　200-9
コルトー、ジャン＝ピエール　113
コロー、ジャン＝バティスト・カミーユ　214
コンスタブル、ジョン　19, 214
コンセプチュアル・アート　161

さ

サージェント、ジョン・シンガー　41
サーチ、チャールズ　229
サッカレー、ウィリアム・メイクピース　37
サティ、エリック　151
サンディクーム・ロッジ、トゥイッケナム、イギリス　12-17
サンド、ジョルジュ　37

し

ジヴェルニー、フランス　70-81
ジェームズ、エドワード　161
ジェフロワ、ギュスターヴ　74
シカゴ万国博覧会（1893年）　97
シダル、エリザベス（リジー）　53, 56

シャヴァンヌ、ピエール・ピュヴィス・ド　113
ジャコメッティ、アルベルト　211
写実主義　31
シャセリオー、テオドール　31, 35
ジャ・ド・ブッファン、エクス＝アン＝プロヴァンス、フランス　44-51
シャリゴ、アリーヌ・ヴィクトリーヌ　91
シャルダン、ポール　29
自由美術家協会　193
シュルレアリスム　83, 87, 119, 129, 151, 161, 162, 167, 175, 176
象徴主義　31, 97
ショニバレ、インカ　7, 8, 228-33
ジロー、フランソワーズ　120
新古典主義　31, 32, 98
新時代洋画展　193
新即物主義　145

す

スウィンバーン、アルジャーノン・チャールズ　56
スーラ、ジョルジュ　32, 83
スキーピング、ジョン　185
スキーピング、ポール　185, 191
スクール・オブ・ロンドン　211
スティーヴン、エイドリアン　103
スティーヴン、トビー　103
スティーグリッツ、アルフレッド　135
ストークス、エイドリアン　185
ストレイチー、リットン　103, 104

せ

盛期ルネサンス　98, 129
セザンヌ、ポール　44-51
セザンヌ、ポール・ジュニア　48, 51
セザンヌ、ルイ＝オーギュスト　45, 48, 51
前衛芸術　193
セント・アイヴス、コーンウォール、イギリス　184-91

そ

総合芸術　98
ソウラス・ロッジ、トゥイッケナム、イギリス　12-17
ソーン、ジョン　14
ゾラ、エミール　45

た

ターナー、ウィリアム（オールド・ダッド）　13, 14
ターナー、ジョゼフ・マロード・ウィリアム　7, 12-17, 19
退廃芸術展　145
ダヴ、アーサー　135
ダダ　151
タニング、ドロテア　173
ダリ、ガラ　175, 176, 181
ダリ、サルバドール　7, 161, 174-83
タロ・デ・タイチェ、ランサローテ島、アリア　218-27
ダンカン、イサドラ　151
タンギー、イヴ　161
ダンラップ、ウィリアム　19

ち

チディングリー、イースト・サセックス、イギリス　116-73
チャーチ、フレデリック・エドウィン　23
チャールストン、イギリス　102-11
チャボット、マリア　136
抽象芸術　193
チョーサー、ジェフリー　56

て

ディアギレフ、セルゲイ　130, 151
ディクス、オットー　7, 144-9
ディクス、ネリー　145, 149
帝国芸術院　146, 149
ティペット、マイケル　185
テニスン、アルフレッド　37
デュフィ、ラウル　113
デュランド、アッシャー・ブラウン　19, 23
デュラン＝リュエル、ポール　71, 92, 113
デルミ、エドゥアール　154

と

ドイツ
　ヘンメンホーフェン　144-9
　ミュンヘン　96-101
ド・ヴェレリオラ、エドモン　86
トゥイッケナム、イギリス　12-17
ド・トゥールーズ＝ロートレック、アンリ　113
ドーソン、デヴィッド　214

ドガ、エドガー　113, 114
ド・ノアイユ、アンナ　151
トムソン、ジョン・アレクサンダー
　（アンクル・サンディ）　19, 22
トムソン、トマス・T　22
ドラクロワ、ウジェーヌ　37
トランブル大佐、ジョン　19
トレウィン・スタジオ　190
ドレスデン美術アカデミー　145
ドレスデン分離派　145
トロツキー、レフ　202

な

ナショナル・アカデミー・オブ・デザイン　19
ナチス　145, 146, 149, 154, 161, 162
ナポレオン3世　26, 48

に

ニーチェ、フリードリヒ　129
ニコルソン、ベン　185, 190
ニジンスキー、ヴァーツラフ　151
日本アブストラクトアートクラブ　193
ニューヨーク近代美術館　145

の

ノグエラ、リディア　176
ノグチ、イサム　202

は

バートー、マリア　22
バーン=ジョーンズ、エドワード　37, 41, 53, 56
バーン=ジョーンズ、ジョージアナ　53, 56
バイアム・ショー・スクール・オブ・アート　229
長谷川三郎　193
ハドソン・リバー派　19, 23
浜口陽三　193
ハミルトン、リチャード　173
ハメオス・デル・アグア　219, 225
パラツェット・デル・ボルゴニョーニ、イタリア　128-33
パリ、フランス　30-5, 112-17
パリのサロン　25, 29, 31, 45, 48
パリ万国博覧会（1900年）　64, 98
バルセロナ美術学校　119

ハルディン・デ・カクトゥス　220, 225
パレ、ナターリア・パヴロヴナ　151
バロック　130, 133, 154

ひ

ビアスタット、アルバート　23
ビィ城（ローザ・ボヌール城）、フォンテーヌブロー、フランス　24-9
ピカソ、クロード　120
ピカソ、パブロ　7, 45, 117, 118-27, 151, 154, 161, 167, 168, 173, 175, 185, 211, 220
ピカソ、パロマ　120
ピカビア、フランシス　161
ヒゲンズ、グレース　103, 104
ピサロ、カミーユ　32, 48
ビザンチン　98
ヒッチコック、アルフレッド　175
ヒューズ、アーサー　56
表現主義　87, 145

ふ

ファー、イザベラ・パックスワー　130
ファーリーズ・ハウス、イースト・サセックス、イギリス　166-73
ファン（フスチェ）・イペル、アウフスト　87
ファン・ゴッホ、フィンセント　83
ファン・レイセルベルヘ、テオ　83
プイグナウ、エミリ　187
フィケ、マリー=オルタンス　48, 51
ブーレ、ローズ　63, 64, 67
フォーヴィスム　87, 119
フォークナー、チャールズ　56
フォースター、E・M　103, 104
フォン・シュトゥック、フランツ　96-101
フォンテーヌブロー、フランス　24-9
フクサス、マッシミリアーノ　130
ブニュエル、ルイス　175
フライ、ロジャー　103, 104
ブラウン、フォード・マドックス　56
フラゴナール、ジャン・オノレ　229
ブラック、ジョルジュ　119
ブランクーシ、コンスタンティン　185
フランス
　エソワ　90-5
　カンヌ　118-27
　コルトー通り、パリ　112-17
　フォンテーヌブロー　24-9
　ジヴェルニー　70-81

ジャ・ド・ブッファン、エクス=アン=プロヴァンス　44-51
　ムードン　62-9
　ミリー=ラ=フォレ　150-9
　ラ・ロシュフコー通り、パリ　30-5
フランス芸術アカデミー　33
フリエス、エミール=オトン　113, 168
ブリュッセル、ベルギー　160-5
ブリュッセル王立美術アカデミー　83, 161
プリンセプ夫妻（トービーとサラ）　37
プルースト、マルセル　151
ブルームズベリー・グループ　103-4
ブルトン、アンドレ　129, 161, 162, 202
ブレーカー、アルノ　154
フロイト、ジークムント　175, 211
フロイド、ルシアン　8, 210-17

へ

ヘーゲマン、レオポルド・ジャン　83
ベーコン、フランシス　211, 214
ベクスリーヒース、イギリス　52-61
ベックマン、マックス　145
ヘップワース、バーバラ　7, 184-91
ベル、アンジェリカ　103, 104, 109
ベル、ヴァネッサ　7, 8, 102-11
ベル、クエンティン　103, 104, 109
ベル、クライヴ　103
ベル、ジュリアン　103, 104, 109
ベルギー、オーステンデ　82-9
ベルギー自由アカデミー　86
ベルナール、エミール　113
ペンシルバニア美術アカデミー　19
ヘンメンホーフェン、ドイツ　144-9
ペンローズ、アントニー　167, 173
ペンローズ、ローランド　7, 166-73

ほ

ボーハルツ、アウフスタ（ラ・シレーヌ）　86
ホガース、ウィリアム　104
ポップ・アート　161
ポスト印象派　103
ボドー、ジャンヌ　92
ボナール、ピエール　151
ボヌール、イシドール　29
ボヌール、ローザ　7, 24-9
ホランド卿夫妻　37
ホランド・パーク・ロード、ロンドン、イギリス　36-43
ポルト・リガト、スペイン　174-83

ま

マーシャル、ピーター・ポール　56
マウラー、ワルター　220
マグリット、ジョルジェット　161, 162, 175
マグリット、ルネ　7, 160-65, 175
マシーン、レオニード　151
マッカーシー、デズモンド　103, 104
マティス、アンリ　32, 119
マドリード美術学校　175
マネ、ジュリー　92
マラルメ、ステファヌ　71
マレー、ジャン　151, 154
マロリー、トマス　56
マンリケ、セザール　8, 218-27

み

ミカ、アンリエット　26
ミカ、ナタリー　25, 26, 29
ミケランジェロ　63
ミュンヘン　96-101
ミュンヘン・ガラス宮展　97
ミュンヘン、ドイツ　96-101
ミュンヘン芸術家組合　97
ミュンヘン美術院　97
ミュンヘン分離派　97
ミラー、リー　166-73
未来派　87, 175
ミリー=ラ=フォレ、フランス　150-59
ミルボー、オクターヴ　71
ミレー、ジョン・エヴァレット　41
ミロ、ジョアン　161, 167, 173

む

ムーア、G・E　109
ムーア、ヘンリー　185
ムージス、ポール　113
ムードン、フランス　62-9
村井正誠　192-99
村井正誠記念美術館　194-96

め

メキシコ、コヨアカン　200-09
メリャ、フリオ・アントニオ　201

も

モーパッサン、ギ・ド　71
モダンアート協会　193
モディリアーニ、アメデオ　114
モドッティ、ティナ　201, 202
モネ（旧姓オシュデ）、アリス　71, 74, 78
モネ(旧姓ドンシュー)、カミーユ　71
モネ、ミシェル　71
モリス・マーシャル・フォークナー商会（ザ・ファーム）　56
モリス、ウィリアム　7, 41, 52-61
モリス（ジェニー）、ジェーン　56
モリス（旧姓バーデン）、ジェーン　53, 56
モリス、メアリー（メイ）　56
モリゾ、ベルト　32, 92, 113
モレ、エルネスティーヌ　87
モレル、ルイ・フェルナン　91
モロー、カミーユ　31
モロー、ギュスターヴ　30-35

や

矢橋六郎　193
山口薫　193
ヤング・ブリティッシュ・アーティスト　229

ゆ

ユッテル、アンドレ　114, 117
ユトリロ、ミゲル　113-14

ら

落選展　48
ラスキン、ジョン　53
ラフォン、アルベール　35
ラミレス、ペピン　219
ランチョ・デ・ロス・ブロス、アビキュー、ニューメキシコ、アメリカ　134-43

り

リージェンツ運河、ロンドン、イギリス　228-33
リオ展望台　219-20
リベラ、ディエゴ　201-2, 209
リルケ、ライナー・マリア　63
リントパイントナー、メアリー　97, 98

る

ルーヴル美術館、パリ　31
ルーベンス、ピーテル・パウル　130, 133
ルオー、ジョルジュ　32
ルナール、ガブリエル　91
ルノワール、ピエール=オーギュスト　7, 8, 90-5, 113
ルミニズム　87

れ

レ・ローヴ、エクス=アン=プロヴァンス、フランス　51
レイ、マン　167, 173
レイセルベルヘ、テオ・ファン　83
レイトン卿、フレデリック　7-8, 36-43
レヴァン（20人展）　32, 83
レーニエ、プリオール　185
レッド・ハウス、ベクスリーヒース、イギリス　52-61

ろ

ローザ・ボヌール記念芸術学校　29
ロート、アンドレ　168
ローマ、イタリア　128-33
ローランサン、マリー　151
ローレンス、トーマス　19
ロセッティ、ダンテ・ゲイブリエル　37, 53, 56
ロダン、オーギュスト　62-9, 92, 151, 214
ロック、ジャクリーヌ　119, 120, 125
ロックフェラー、ネルソン　219
ロポコワ、リディア　104
ロマン主義　19, 23, 31
ロンドン、イギリス　36-43, 210-17, 228-33

わ

ワッツ、ジョージ・フレデリック　37, 41

謝辞
ACKNOWLEDGEMENTS

この本の完成に力を貸してくださった方々に、ここでお礼を申し上げます。芸術家のページに添えられた写真はいずれも、人並外れたプロであり、親切で、前向きで、いつも励ましてくれたベラ・スカーチリーとジョン・パートン、アリス・グラハムの優れた編集によるものです。本当にありがとう！ マリアナ・サメイロ、ダニエラ・ナヴァ、ジョー・ホールスワース、レズリー・マルキンとヴァネッサ・バードにも感謝を。この本はチームワークの産物で、あなたたちはすばらしいチームでした！ 最後に、魅力的で、個性にあふれ、クリエイティブな家をもっていた芸術家たちにも、もちろん感謝を！

ピクチャークレジット
PICTURE CREDITS

Arcaid Images / Alamy Stock Photo 6, 41, 104, 105, 108, 110–111; Fondation Claude Monet, the House and gardens of Claude Monet – Giverny 8, 70, 76–77, 80–81; Alain Benainous / Getty Images 9, 51b, 176, 178; horst friedrichs / Alamy Stock Photo 10, 187; Edmund Sumner-VIEW / Alamy Stock Photo 11, 192, 194, 195, 196, 197, 198–199; akg-images / Purkiss Archive 12; Ian Bottle/Alamy Live News 14, 16–17; lm_photography / Alamy Stock Photo 15, 54–55, 59, 60–61; Stephen Taylor / Alamy Stock Photo 18, 22; Sandra Foyt / Alamy Stock Photo 20–21; Philip Scalia / Alamy Stock Photo 23; Photo by Zihnioglu Kamil/Pool/ABACAPRESS.COM / Alamy Stock Photo 24, 26; Hemis / Alamy Stock Photo 27, 28, 33, 66, 67, 68–69, 87b, 88–89, 112, 115, 116, 117; Ludovic Marin / Getty Images 29; Photo © Luc Boegly/Artedia / Bridgeman Images 30, 32; John Kellerman / Alamy Stock Photo 34; Luisa Ricciarini / Bridgeman Images 35t; Universal Images Group North America LLC / Alamy Stock Photo 35b; © Leighton House / Photo © Justin Barton / Bridgeman Images 36; Sam Mellish / Getty Images 38, 40, 42–43; © Leighton House / Bridgeman Images 39; © Jean Bernard. All rights reserved 2023 / Bridgeman Images 44, 48, 51t; akg-images / Nimatallah 46–47; Photo © Ken Welsh. All rights reserved 2023 / Bridgeman Images 49; akg-images 50, 64; akg-images / Florian Monheim / Bildarchiv Monheim GmbH 52; Bildarchiv Monheim GmbH / Alamy Stock Photo 56, 82; National Trust Photographic Library/Nadia Mackenzie / Bridgeman Images 57; The National Trust Photolibrary / Alamy Stock Photo 58; akg-images / ullstein bild 62; Photo Scala, Florence 65; akg-images / Catherine Bibollet 72, 73; Nadia Turinsky / Shutterstock 74; Frank Nowikowski / Alamy Stock Photo 75; Oleg Bakhirev / Shutterstock 78, 79; © Nick Decombel 84–85; dpa picture alliance / Alamy Stock Photo 86, 87t; © P. Maille 92t, 92b, 94–95; Hervé Lenain / Alamy Stock Photo 93; A. Dagli Orti/Scala, Florence 96; Azoor Photo Collection / Alamy Stock Photo 98; © A. Dagli Orti / © NPL – DeA Picture Library / Bridgeman Images 99; Ungvari Attila / Shutterstock 100–101; Elizabeth Whiting & Associates / Alamy Stock Photo 102; Anna Huix 106–107, 109; Patrick Kovarik / Getty Images 114; Arnold Newman Properties / Getty Images 118; Photo Austrian Archives/Scala Florence 120, 124; Brandstaetter Images / Hulton Archive / Getty Images 121, 125; RMN-Grand Palais / Dist. Photo SCALA, Florence 122–123; akg-images / brandstaetter images / Franz Hubmann 126, 127; © Sandro Becchetti / Bridgeman Images 128; © NPL – DeA Picture Library / G. Cigolini / Bridgeman Images 130, 132, 133; © Archivio Arici. All rights reserved 2023 / Bridgeman Images 131; © Christopher Springmann – All Rights Reserved 134; Albert Knapp / Alamy Stock Photo 136, 140, 141; Jack Young – Places / Alamy Stock Photo 137; Photo Georgia O'Keeffe Museum, Santa Fe/Art Resource/Scala, Florence 138–139, 142–143; Sueddeutsche Zeitung Photo / Alamy Stock Photo 144, 160; imageBROKER / Alamy Stock Photo 146, 202l; mauritius images GmbH / Alamy Stock Photo 147, 148, 149; FORGET Patrick/SAGAPHOTO.COM / Alamy Stock Photo 150, 152–153, 154, 155, 158–159; Sylvain Grandadam / Getty Images 156, 157; Oliver Knight / Alamy Stock Photo 162, 163; Andrea Anoni, René Magritte Museum – Jette, Brussels 164–165; © Lee Miller Archives, England 2023. All rights reserved. leemiller.co.uk 166, 169, 170, 171, 172, 173; Andrew Hasson / Alamy Stock Photo 168; Daniel Frasnay / akg-images 174, 179; Arie Storm / Alamy Stock Photo 177; Gianni Ferrari / Getty Images 180; Carma Casula / Getty Images 181; Farabola / Bridgeman Images 182, 183; Paul Popper/Popperfoto / Getty Images 184; Jim Dyson / Getty Images 186, 191; Bruno Barbier / akg-images 188–189; Stephen Saks Photography / Alamy Stock Photo 190; GRANGER – Historical Picture Archive / Alamy Stock Photo 200; John Mitchell / Alamy Stock Photo 202r; akg-images / Sambraus 203; Andrew Hasson / Getty Images 204; Paul Christian Gordon / Alamy Stock Photo 205; Alexandra Lande / Shutterstock 206–207; © Detroit Institute of Arts / Bridgeman Images 208; agefotostock / Alamy Stock Photo 209; © David Dawson. All rights reserved 2023 / Bridgeman Images 210, 212, 213, 214l, 214r, 215, 216–217; Olga Gajewska / Alamy Stock Photo 218; Fundación César Manrique 220t, 224, 225; Marjolein Hameleers / Shutterstock 220b; Jef Wodniack / Shutterstock 221; Amazing Travels / Shutterstock 222; goodcat / Shutterstock 223; Marc Lechanteur / Shutterstock 226–227; Joshua Monaghan, House & Garden © Condé Nast 228, 231, 232, 233; Wig Worland / Alamy Stock Photo 230.

スージー・ホッジ（Susie Hodge）

英国王立技芸協会フェロー。美術史、実用美術、歴史に関する100冊以上の著書がある。主な邦訳書に『5歳の子どもにできそうでできないアート—現代美術100の読み解き』(東京美術)、『美術ってなあに？—"なぜ？"から広がるアートの世界』(河出書房新社)、『世界をゆるがしたアート—クールベからバンクシーまで、タブーを打ち破った挑戦者たち』(青幻舎)など。
雑誌記事、美術館やギャラリーのウェブ用の資料も執筆しており、世界中の学校、大学、美術館、ギャラリー、企業、芸術祭、美術団体などのためにワークショップや講義を主宰・提供している。ラジオやテレビのニュース番組、ドキュメンタリー番組の常連コメンテーターであり、『インディペンデント』紙のNo.1アートライターに2度選出された。

井上 舞（いのうえまい）

英米文学翻訳者。主な訳書に『僕はガウディ』『WAREHOUSE HOME インダストリアルインテリアコレクション』(小社刊)、『はじめての絵画の歴史』『マグリット400』(青幻舎)、『命のひととき』『鳥をつくる』(化学同人)などがある。

アーティストの邸宅
―芸術家30人のインスピレーションを生む家―

2024年11月2日　初版第1刷発行

著：スージー・ホッジ
翻訳：井上 舞
翻訳協力：株式会社リベル
日本語版制作協力：村井伊津子(村井正誠記念美術館 館長)
　　　　　　　　　橋本善八(世田谷美術館 館長)
校正：株式会社ぷれす
装丁・DTP：小松洋子
コーディネート：大浜千尋
制作進行：關田理恵

発行人：三芳寛要
発行元：株式会社パイ インターナショナル
〒170-0005 東京都豊島区南大塚2-32-4
TEL 03-3944-3981　FAX 03-5395-4830
sales@pie.co.jp

ISBN 978-4-7562-5900-4 C0077

本書の収録内容の無断転載・複写・複製等を禁じます。
ご注文、乱丁・落丁本の交換等に関するお問い合わせは、小社までご連絡ください。
著作物の利用に関するお問い合わせはこちらをご覧ください。https://pie.co.jp/contact/

©2023 Quarto Publishing plc
Text ©2023 Susie Hodge
Japanese translation ©2024 PIE International

Original title: Artists at Home in English
First published in 2023 by Frances Lincoln,
an imprint of The Quarto Group.
1 Triptych Place, London, SE1 9SH, United Kingdom

All rights reserved.
Printed in China